W0186629

Delphine Vitry & Jean Revis

MAD ABOUT LUXE

« Il faut que tout change pour que rien ne change… »

Préfaces de
Eric Vallat et Patrick Thomas

Remerciements

*Merci à Alain sans lequel nous n'aurions pas dépassé
le premier chapitre.*

Merci à Eric et Patrick pour le regard bienveillant.

*Merci à Marie, Véronique, Julie, Céline, Julien,
Christophe, Meredith et Claire
pour leurs commentaires perspicaces.*

*Merci à tous les Madiens qui nous ont accompagnés
depuis presque dix ans.*

*Et merci à tous nos clients et amitiés professionnelles,
en commençant par Eric V., Serge B.,
Nicolas V. et Pietro B. qui nous ont permis de
raconter nos premières histoires MAD.*

Table des matières

Préface d'Eric Vallat*

La boutique est l'expression ultime d'une marque, en trois dimensions. C'est là que le produit rencontre le client. L'arrivée d'Internet est certes venue démultiplier le champ des possibles mais elle n'a pas remplacé ce lieu qu'est le magasin, où la marque se vit et nous propose une expérience sensorielle complète.
Et pourtant, en 1996, lorsque je quittais la banque d'affaires pour rejoindre la boutique Louis Vuitton de l'avenue Montaigne en tant qu'assistant de vente, je n'avais pas le sentiment d'être tout à fait compris. Peu valorisés, les métiers du retail n'attiraient pas les talents à l'époque.
Jusqu'en 2009, aucun cabinet de conseil ou presque ne s'était spécialisé dans le retail. Cette année-là, Delphine et Jean s'associaient et se lançaient dans l'aventure. J'avais rencontré Jean sur les bancs de l'école et Delphine chez Louis Vuitton, mais j'ignorais qu'ils se connaissaient et j'étais loin de m'imaginer que leur association et le succès de leur cabinet les amèneraient à écrire ce livre.
C'est assez naturellement que je fus un de leurs premiers clients. Il s'agissait à l'époque de repenser le concept retail des magasins J.M. Weston, en repartant comme il se doit de l'ADN de la marque, de son univers et de ses clients. Je le suis encore aujourd'hui pour Louis XIII, le prestigieux cognac de la Maison Rémy Martin.
Parce que je travaille avec Delphine et Jean depuis longtemps, et parce que le sujet est au cœur de mes occupations professionnelles depuis plus de vingt ans, je ne m'attendais pas à être interpellé par la lecture de ce livre. Et même si comme prévu le style est enlevé, fluide et ne manque pas d'esprit, j'avais tort…

Ce livre a le mérite de remettre l'église au milieu du village, le client au cœur de toute stratégie et de tout plan d'action. Et cela n'est pas sans conséquences pour les organisations, bien au-delà des boutiques elles-mêmes. Car le client change. Dans un monde qui se digitalise et qui offre de nouvelles opportunités, il est plus exigeant, plus expert. Il ne se contente plus d'un logo ni même d'un savoir-faire d'exception. Il est en quête d'expérience et de valeurs partagées.

Bref, il lance un défi aux marques de luxe qui, fortes de leur succès, pourraient être tentées par une forme d'attentisme à haut risque. Elles n'ont d'autre choix que de s'adapter à ce monde qui change, sans pour autant renoncer aux fondamentaux qui ont fait et font encore leur succès.

Ce livre n'a pas pour vocation d'apporter toutes les réponses. Ces dernières ne peuvent d'ailleurs qu'être personnalisées. Il n'existe pas de formule magique universelle.

Profitez en revanche de ce regard lucide et acéré sur le monde du luxe. Un regard à la fois critique et plein d'optimisme, une « vision de l'intérieur » qui plus est nourrie par une grande connaissance de la Chine, pays stratégique en pleine mutation.

Laissez-vous porter par cette analyse juste d'un monde du luxe où le client est désormais roi, un monde bousculé par les révolutions de l'espace et du digital. Vous verrez, immanquablement vous vous poserez les bonnes questions sur vos équipes, votre organisation, vos process. Un questionnement sain et salutaire qui vous permettra d'apprécier à leur juste valeur les pistes de réflexion proposées par Delphine et Jean.

Bonne lecture !

* CEO de Maison Remy Martin.
Groupe Richemont : membre du Senior Executive Committee, Head of Fashion and Accessories.

Préface de Patrick Thomas*

Le digital est à la mode. La transformation qu'il a déjà apportée à notre vie quotidienne est fulgurante. Et pourtant, les changements qui nous attendent dépassent infiniment ceux dont nous sommes déjà témoins et acteurs à ce jour. À tel point que nous sommes tout simplement incapables de les imaginer.
En son temps, l'informatique avait déjà révolutionné la vie des entreprises, puis, dans une moindre mesure, nos vies privées. Associée aux techniques digitales, qui en sont les heureuses héritières, elles suscitent ensemble des utopies un peu folles que chaque progrès technique remet au goût du jour : l'intelligence artificielle rendra l'homme éternel ; mieux, elle en fera un dieu...
Laissons les utopistes rêver car ils nous préparent, parfois utilement, aux défis de l'avenir.
Il y a tout lieu de penser que l'intelligence artificielle deviendra raisonnablement l'intelligence augmentée. On pourra donc continuer à parler d'IA...
C'est l'ambition intelligente que se sont fixée les auteurs de ce livre. Loin de nous faire rêver à d'inutiles aventures prométhéennes, ces grands connaisseurs de l'univers des produits et clients du luxe ont dressé un tableau très vivant de ce que les transformations en cours peuvent apporter aux opérateurs du luxe. Le constat ainsi réalisé est à mes yeux la somme la plus complète, et surtout la plus utile, publiée à ce jour sur ce sujet plus qu'évolutif.
Il devrait passionner le professionnel, qui y trouvera une source d'inspiration dans ses décisions opérationnelles, et, au-delà, le lecteur qui s'intéresse à la transformation du monde de façon plus générale et qui pourrait s'en inspirer dans d'autres secteurs d'activité.

Ce livre est un état des lieux, et son objectif est pragmatique. N'y cherchez pas une anticipation de ce que le digital pourrait apporter comme évolutions dans les vingt années à venir.

Mais si votre ambition est d'adapter les structures et les méthodes de travail de votre entreprise à une nouvelle ère, vous le lirez et le relirez.

C'est ce que je vous souhaite.

* Verdi Consulting.
Président-directeur général d'Hermès international de 2003 à 2014.

Introduction

L'Expérience Client est au cœur de l'avenir des marques de luxe : c'est autour de cette conviction que nous avons créé MAD network en 2009. À l'époque, au lendemain du crash de 2008, notre motto suscitait de la perplexité, et parfois même de la compassion. Presque dix ans après, tout le monde parle d'Expérience Client, dans le luxe comme dans toutes les industries, et cette conviction fait figure d'évidence parfois galvaudée.
#L'experienceclientdansleluxe : belle affaire, est-ce vraiment utile d'écrire un livre de plus sur un sujet qui inspire déjà tant d'écrits dans le monde ?
Au risque donc d'allonger la liste des ouvrages qui surfent sur cette expression un peu fourre-tout, nous avons pris la plume pour deux raisons.

Tout d'abord nous travaillons, avec une équipe de quarante consultants, au cœur de cette industrie et sur ces sujets depuis presque dix ans pour plus d'une centaine de maisons, de grands magasins et de shopping malls de luxe.
Nous accompagnons, toujours avec passion, des grandes et petites entreprises, des acteurs historiques qui doivent préserver leurs positions tout comme de nouveaux entrants qui veulent en conquérir. Nos clients sont divers, des marques allant de l'horlogerie à la mode, en passant par la cosmétique ou les solutions de mobilité urbaine : un observatoire privilégié. Les projets sur lesquels nous travaillons ne seront parfois lancés que dans trois ou quatre ans pour les plus

grands malls, et devront porter l'expression de la marque pour au moins cinq ans, ce qui nécessite un minimum de projection.

Nous sommes convaincus – et c'est là la deuxième raison qui nous a amenés à écrire ce livre – que le luxe vient d'entrer dans une ère de mutation.
Cette industrie intrigue, inspire, questionne, fascine, agace parfois. Par son succès, qui autorise des croissances et des rentabilités sans égales, malgré quelques turbulences le plus souvent ponctuelles. Par la provocante sécurité de son environnement aussi : l'hôtellerie, pour sa part, a été profondément bouleversée par Booking ou Airbnb ; quant au mass retail, il est très chahuté par Amazon et ses pairs.
Dans ce contexte de tsunami, le luxe fait figure de village gaulois (ou suisse, ou italien, ou anglais) finalement peu ébranlé dans ses fondamentaux.
Toutefois, s'il tient encore bon, il est sans doute temps d'inventer la suite.

Nous ne défendons pas une vision d'adolescent rebelle qui prédirait la fin des temps bénis de l'EBITDA à 25 %. Nous ne sacrifierons pas la tradition ni le savoir-faire sur l'autel du jeunisme et des start-up.

Nous aimerions engager une conversation, partager nos réflexions, pour contribuer à dessiner un avenir où les grandes maisons d'aujourd'hui auront toute leur place aux côtés des pépites de demain.

Cet ouvrage n'est donc ni une liste de recettes, ni un catalogue de sparadraps ou de martingales, ni un exercice divinatoire, et encore moins un traité dogmatique sur la bonne manière de faire. C'est d'abord un questionnement, l'amorce d'une conversation sur l'avenir du luxe et sur la voie singulière que ses acteurs devront imaginer, loin d'un immobilisme fataliste ou d'un « reboot » inconsidéré. Sur les révolutions à mener – bien sûr maîtrisées, et en préservant l'ADN des marques.

Pour identifier ces révolutions, nous allons commencer par dessiner un rapide tableau de notre terrain de jeu, où tout semble aller pour le mieux dans le meilleur des mondes. En décodant notamment ces fondamentaux qui ont permis aux grands acteurs de faire partie des entreprises les plus rentables et les plus aspirationnelles du monde... Fondamentaux qui pourraient devenir les entraves de demain.

Ensuite il s'agira de représenter celui par qui le séisme pourrait bien arriver : le client du luxe, qui ne se limite pas à cette femme de trente-cinq ans intelligente, belle et indépendante qui paie avec sa carte bleue, ni à ce millennial, obscur et connecté, parfois chinois. Parce qu'il est infiniment plus complexe et composite, ce client challenge l'approche souvent descendante et hyper contrôlée des marques de luxe.

Puis nous évaluerons l'impact de ces changements sur les espaces : notre métier est de se concentrer sur l'expérience à partager avec ce fameux client, en s'inscrivant dans les évolutions sociétales en cours, et en projetant leurs conséquences sur le monde physique...

... mais pas que, bien sûr : impossible d'échapper à la désormais célèbre transformation digitale, à l'omnicanal devenant no canal. Il ne s'agira pas, à ce stade, de réfléchir à la nécessité de poster les images de la nouvelle collection sur Instagram ni même de réunir des millions de followers. Nous essaierons d'aborder des mouvements plus fondamentaux.

In fine, nous verrons pourquoi les enjeux du luxe sont avant tout des enjeux de Talents, et ce sera le sujet de notre dernière partie. MAD Talent, notre cabinet de chasse de têtes, est un complément précieux à notre activité de conseil en stratégie et en organisation, et la combinaison de ces deux fonctions enrichit notre capacité à accompagner durablement le déploiement d'une vraie culture de l'expérience client. Parce que, pour évoluer durablement, c'est beaucoup plus long, dur, cher de faire bouger les équipes et grandir les talents que d'aligner les CAPEX.

Nous allons porter sur tous ces sujets un regard occidental, le nôtre, que nous croiserons avec le point de vue chinois – pertinent au moins aussi longtemps que la Chine représentera 50 % des clients du luxe mondial, territoire fascinant et parfois un peu effrayant où s'écrit une partie de l'avenir du luxe. L'Inde et l'Afrique, continents de demain, auraient mérité une analyse en soi. Il aurait fallu développer les particularités des États-Unis et compléter la lecture des évolutions au Moyen-Orient… Ce sera peut-être pour un prochain témoignage !

Écrire ce premier livre est une aventure. Nous avons mis des mois à le formaliser, et pendant ce temps-là le monde avance et se transforme plus vite que notre plume ne glisse. Notre seule ambition est donc de livrer un point de vue recevable en 2018.

Notre propos est illustré par des exemples concrets, des pratiques qui ont retenu notre attention, qu'elles nous semblent judicieuses ou questionnables, et il s'appuie avant tout sur notre expérience.

Ce mot « expérience » revêt deux significations.
Expérience de l'instant, émotion fugitive mais sacralisée comme le Graal du XXIe siècle.
Ou bien sagesse du temps cumulé, dont la valeur augmente avec les années.
Ici il est question des deux.
Partageons donc nos expériences au bénéfice de l'Expérience.

CHAPITRE I

Jusqu'ici tout va bien

Début 2015, alors que le lancement de l'Apple Watch est en préparation, un vent de panique souffle chez les horlogers. L'ogre Apple allait bousculer puis dévorer une institution tricentenaire – et ringardiser pour toujours la Reverso, la Tank, la Speedmaster...
Au sein de la firme californienne, on n'hésite pas à clamer, comme Jonathan Ive, le patron du design, que « *Switzerland is in trouble* ». On allait voir ce qu'on allait voir !

Et on a vu : deux ans après ses débuts, l'Apple Watch est au mieux un semi-échec. Et, si des questions fondamentales sur l'avenir des montres traditionnelles restent posées (resteront-elles un signe de statut et de réussite lorsque la génération Z sera au pouvoir ?), l'effondrement prédit par beaucoup n'a pas eu lieu. Mieux, la mise sur le marché de cette montre a poussé certaines grandes maisons à sortir de leur relatif immobilisme et à proposer des produits hybrides, comme chez TAG Heuer, Louis Vuitton ou Montblanc, ou en « collaborant avec l'ennemi », à l'instar d'Hermès.

Cet exemple illustre bien la capacité du luxe à résister aux crises et à surmonter les embûches. Il excelle en la matière depuis des décennies, depuis que les maisons sont devenues des palaces et que les grands empires se sont constitués.
Le secteur affiche en effet une santé remarquable, même si les niveaux de rentabilité ne sont plus forcément aussi élevés. Durant ces trente dernières

années, le luxe a ainsi réussi à relever avec brio les défis structurels, concurrentiels et technologiques qui lui ont été posés – la crise de croissance des années 1990, la conquête de la Chine dans les années 2000, et, plus récemment, la montée en puissance du digital. En trente ans, les marques artisanales sont devenues des « billion-dollar brands », célébrées dans des temples-boutiques toujours plus nombreux, toujours plus pharaoniques.

Selon le dernier classement Interbrand, qui mesure la puissance et la valeur des grandes marques mondiales, douze marques de luxe figurent dans le top 100, et la valeur estimée de ces marques a augmenté de plus de 450 % en quinze ans, passant de 25,8 milliards de dollars US en 2000 à 143,7 milliards de dollars US en 2015. De quoi rendre jaloux bon nombre de secteurs économiques menacés désormais « d'ubérisation », faute d'avoir su mesurer la profondeur et la rapidité des mutations à l'œuvre et d'être parvenus à adapter leur modèle.

Bref retour en arrière sur ces trente glorieuses et sur les recettes du succès, qui ont permis au secteur de triompher des obstacles – tout du moins jusqu'à aujourd'hui. Toutefois, restons vigilants : nos forces d'hier pourraient bien constituer nos faiblesses de demain.

Le 9 janvier 2017, Bernard Arnault était la première personnalité française à être reçue, en compagnie d'autres grands patrons, par le Président élu Donald Trump. Si les goûts pour le luxe de l'iconoclaste milliardaire américain et de sa famille expliquent peut-être ce pied de nez aux usages, l'anecdote témoigne évidemment de la réussite du fondateur de LVMH, symbole de la réussite française dans le monde et du « french luxe ».
À bien des égards, LVMH constitue la belle pratique du secteur, qui a été abondamment commentée, copiée,

jalousée. Et si la marque phare Louis Vuitton, le vaisseau amiral du groupe, n'est plus aussi hégémonique, elle reste la plus puissante au monde, devant Chanel, Gucci, Prada.
Sur plus de trois décennies, la marque a saisi les opportunités offertes par les bouleversements du marché et l'émergence d'un nouveau rapport au luxe. Elle a montré la voie à d'autres acteurs, mettant en place les actions nécessaires pour relever les défis – à commencer par la gestion de la crise de croissance issue de la formidable expansion des années 1990.

« Une marque de secrétaires ? »[1] Et alors ?

Sur la photo de l'article, la femme ressemble à « la ménagère chinoise de moins de cinquante ans » : à sa main gauche... un sac Vuitton. Image symbolique de ce qui préoccupe le plus le luxe à l'heure actuelle, et qui a fait couler beaucoup d'encre entre 2010 et 2015, à un moment où le secteur se cherche de nouvelles sources de croissance et que les grands groupes cotés en Bourse doivent générer plus de volume : le luxe sera-t-il toujours du luxe s'il se démocratise ? Quel avenir pour Vuitton quand sa pénétration atteint 40 % dans les foyers japonais dans les années 2000 (versus 2 % en France) ?
Ce qui n'est plus exclusif (Wikipédia *: un produit de luxe désigne un produit d'une très grande qualité, raffiné, coûteux... et rare*) peut-il toujours faire rêver – et donc faire qu'on dépense ?
Alors qu'un large mouvement de premiumisation s'est enclenché, que des marques mass market se sont approprié certains codes classiques du luxe (la per-

---

[1] « Louis Vuitton, une marque de secrétaires ? », Delphine Le Goff, *Stratégies*, 6 mars 2015.

sonnalisation pour Nike, un service Personal Shopping chez Topshop) ou que Karl Lagerfeld crée des collections pour H&M... Combien de temps serons-nous encore prêts à dépenser des milliers d'euros pour un monogramme ?

Vingt ans plus tard, le verdict est sans appel : les grandes marques de luxe sont de plus en plus puissantes, de plus en plus « aspirationnelles ». Selon Interbrand, la marque Louis Vuitton pèse près de vingt-quatre milliards de dollars, et Hermès près de treize. Et son sac Kelly est toujours aussi iconique...

Cette capacité à préserver la désirabilité des grandes marques de luxe a été portée par une évolution progressive mais profonde de la relation même des individus avec le luxe. Ces mutations ont été très bien décrites dans l'ouvrage de référence de Gilles Lipovetsky et Elyette Roux, *Le Luxe éternel*[2]. Le luxe ostentatoire et vulgaire, signe d'un statut, d'une volonté d'appartenance à une caste ou badge de sa propre réussite, a laissé la place à un luxe plus intime, où prime l'expérience personnelle.

Dans ce luxe postmoderne, il s'agit plus de « vivre » les marques que de les afficher comme l'étendard un peu vain (très années quatre-vingt) de son ego. Pour citer les auteurs : *« On est passé, en quelques années, d'une génération du paraître, de l'identification à un groupe par le biais de codes visibles, à une génération de l'être, d'une recherche de sens, d'authenticité, d'émotions. » From Show to Know to Share my values.*

Et puis, la culture de l'« alter-luxe »/« luxe décalé » est devenue la norme... La riche Parisienne ne dédaigne plus les H&M et les Zara pour accessoiriser son sac

---

[2] Gilles Lipovetsky, Elyette Roux, *Le Luxe éternel : De l'âge du sacré au temps des marques*, Gallimard, « Le Débat », 2003, « Folio essais », 2015.

Chanel, et plus personne ne s'étonne de croiser avenue Montaigne d'élégantes clientes portant la « hit shoe » de la saison avec un accessoire à moins de dix euros. Qui ne se fait pas de temps en temps une petite folie en passant quelques jours dans un hôtel de luxe, quitte à se serrer la ceinture le reste du mois ?

On veut du design, du beau. *Luxury for all, anytime...* Mais si les grandes icônes – Chanel, Dior, Berluti, Gucci, Cartier, Van Cleef... – sont les indétrônables, incontournables, incontestables sésames de cette élévation, elles le doivent à un travail considérable pour préserver leur désirabilité, qu'on peut résumer en un mot : contrôle.

Je contrôle donc je suis

La culture des maisons de luxe et de mode a toujours été celle du « top-down ». La marque propose un univers : des codes, une grammaire, une mythologie, une vision du monde, que le directeur artistique exprime à sa façon. Cet univers est déployé à travers de sublimes campagnes de communication et célébré au sein de points de vente qui sont autant de temples dédiés à la gloire de la marque et de son histoire. Ces boutiques, qui célèbrent un univers mythifié et dont le coût d'aménagement au mètre carré ferait pâlir les retailers d'autres secteurs, offrent au client un véritable parcours d'apprentissage.
Le directeur artistique y est présenté comme l'ultime prescripteur des codes de la mode, les procédés de fabrication – toujours uniques au monde – chaque fois issus d'un savoir-faire dont seule la maison a le secret, et le client est initié à certains rituels d'un « savoir-vivre » du luxe.

Chez Berluti, le club Swann proposait naguère des soirées pour apprendre à soigner la patine de ses souliers au clair de lune et au Dom Pérignon...

L'offre des marques de luxe a tout pour séduire, mais c'est à prendre ou à laisser : si, par le plus grand des hasards, le client n'adhère pas à l'univers proposé, qu'il aille voir ailleurs. Le luxe propose, le luxe impose, et le client épouse... ou libre à lui de rompre. Les marques ne se soumettront pas à l'avis de leurs clients. Il ne viendrait pas à l'idée de Chanel ou de Fendi de réunir des « focus groups » pour tester une nouvelle collection – qui, de toute façon, sera finalisée dans les cinq minutes précédant le défilé.

On verra plus loin que cette approche, qui tient plus du monologue, se doit aujourd'hui d'évoluer au sein d'un monde qui privilégie l'échange avec les clients (il ne s'agira pas pour autant de se soumettre au diktat des consommateurs). Toujours est-il que, au cours de ces années de démocratisation, les maisons ont persévéré dans une logique autoritaire, en étendant et en renforçant leur contrôle sur des paramètres stratégiques.

Contrôle vertical d'abord, auprès des artisans et des fabricants de l'écosystème de la marque. LVMH et Hermès, pour sécuriser leur approvisionnement, ont par exemple investi dès 2012 dans des fermes d'élevage de crocodiles.

Contrôle des produits et des flux : pour celles qui étaient concernées, ces grandes maisons se sont aussi efforcées d'éviter le phénomène d'« inflation du logo » déclenché par la démocratisation de leurs produits. Une trop grande exposition du produit risque de le faire basculer dans la catégorie mass-market, et donc de le rendre moins désirable... On prête au patron de Porsche cette phrase : *« Mieux vaut vendre une voiture de moins qu'une voiture de trop »*. Ferrari, en 2013, a réduit sa production, et nombre d'horlogers

Limited production reduced offer.

adoptent la même stratégie (Panerai, Audemars Piguet…).

Le sujet est donc de recréer de la rareté, ou plutôt de gérer l'abondance de la rareté, comme l'écrit Jean-Noël Kapferer dans *Luxe : nouveaux challenges, nouveaux challengers*[3] – et donc de la désirabilité –, par une politique de merchandising (c'est-à-dire de produits mis à disposition du point de vente) extrêmement calculée. Par la suppression de produits de la gamme trop accessibles, trop populaires, par une segmentation de l'offre selon les zones géographiques, par une limitation des achats autorisés à certains touristes… et par la création de séries limitées, qui recréent de la rareté, parfois à moindre coût.

Contrôle de leur distribution aussi – initié par LVMH là encore, en un mouvement qui influencera l'ensemble de l'industrie. En jeu, s'émanciper des grands magasins, qui, à la fin des années 1990, représentent plus de 50 % des ventes de marques de luxe, pour créer des réseaux de boutiques « en propre » et mieux contrôler leur destin…

Résultat : l'explosion du nombre de boutiques de luxe entre le début des années 1990 et 2010 – qui sera encore alimentée par le développement en Chine, que nous aborderons plus tard. Ainsi, Gucci et le joaillier Bulgari ont multiplié par deux leur parc de magasins en propre dans les années 1990.

En 2000, Burberry change radicalement sa stratégie de distribution pour passer d'un modèle majoritairement wholesale à un modèle retail en propre – qui coïncide avec le changement majeur de stratégie de marque et de repositionnement.

---

[3] Jean-Noël Kapferer, *Luxe : nouveaux challenges, nouveaux challengers*, traduit de l'anglais par Marie-France Pavillet, Paris, Eyrolles, 2016.

Car posséder ses propres boutiques recèle bien des vertus. Un bénéfice financier – le montant des marges des distributeurs –, mais surtout un bénéfice stratégique immense, celui de contrôler à 100 % l'expression de la marque. Et une parfaite maîtrise de son expression est un facteur fondamental de réussite pour une marque de luxe. Les boutiques en propre sont le lieu idéal de leur célébration sublimée.

Dans le chapitre III, nous verrons que les meilleures boutiques de luxe sont celles qui racontent une histoire. Cette histoire est en lien intime avec l'ADN de la marque et s'exprime selon des codes propres, repérables immédiatement et déclinables dans tous les points de vente, de Paris à Shanghai. Une histoire qui crée cet instant de magie et de rêve que seul le luxe peut proposer. Ces « best boutiques » font aussi l'objet d'une scénarisation des parcours et d'une organisation précise de l'espace – pour maximiser l'efficacité.

Dernier avantage : l'accès direct aux clients – et donc à la connaissance des clients, et à la maîtrise de la relation. Car la boutique est LE lieu où la relation entre la marque et son client peut s'établir et s'épanouir – relation elle aussi définie dans ses moindres détails. Et cette relation entre une maison prestigieuse et son client plus ou moins fortuné, dans toute sa richesse et sa complexité, est finalement ce qui définit le plus intimement une marque de luxe, plus encore que le faste du décor. Mais nous aurons l'occasion d'y revenir.

Contrôle de l'image enfin : communiquer tout particulièrement sur la qualité de l'exécution, pour entretenir la flamme et que le produit reste l'objet, sublime, du désir. Veiller à protéger la marque – autant que faire se peut – des contrefaçons et du *grey market* par l'entremise d'une armée de juristes.
La « brand equity » est aussi pilotée avec précision, rajeunie lorsque le besoin se fait sentir par l'embauche

d'un nouveau designer, un des choix les plus importants et engageants qu'un CEO ait à faire.
On célèbre sa dimension de « patrimoine national » lors de journées portes ouvertes ou d'expositions minutieusement conçues, glorifiant son histoire ainsi que son influence culturelle et économique à travers les générations.

Contrôle, donc, de tous les paramètres marketing et opérationnels, ancrés dans l'ADN profond des acteurs du luxe... Ce contrôle a été seulement renforcé et étendu, mais c'est à ce prix que les grandes maisons ont pu préserver la désirabilité de leur marque et gérer leur croissance.

Et c'est lorsque cette croissance a commencé à ralentir dans des marchés majeurs comme le Japon que les géants du luxe ont trouvé un relais formidable, avec l'ouverture de la Chine au luxe occidental.

Le nouvel eldorado

Les leaders du luxe débarquent en Chine au début des années 1990. Ils sont à la recherche de nouvelles sources de croissance pour compenser le déclin annoncé du Vieux Continent et bientôt du Japon, qui a soutenu des acteurs comme Louis Vuitton durant les années 1980. Les Français ouvrent la marche : Louis Vuitton et Cartier (au Peninsula Hotel dès 1992), Chanel, Dior, Lancôme. Puis les marques italiennes, revendiquant un artisanat « made in Italy » : Giorgio Armani, Gucci, Versace, Bulgari.

Le premier grand magasin consacré au luxe apparaît à Pékin en 1992 : le Yansha Youyi Shopping City, qui devient une joint-venture en 1993.

Lorsque, en 2001, la Chine entre dans l'OMC, le relâchement du contrôle sur les importations ouvre une nouvelle étape du développement, désormais exponentiel, des marques de luxe.
Plaza 66, premier centre commercial exclusivement dédié au luxe, ouvre à Shanghai la même année. 50 000 mètres carrés réunissant les marques françaises (Cartier, Céline, Chanel, Dior, Louis Vuitton...), italiennes (Bulgari, Dolce & Gabbana, Armani...), les horlogers et joailliers suisses (Chopard, Franck Muller, Girard Perregaux, Jaeger-Lecoultre, TAG Heuer), ainsi que des marques américaines (Calvin Klein, Diane von Furstenberg).

À partir de 2005, la croissance du marché s'oriente vers les « second-tier cities » (Chengdu, Dalian, Chongqing, Hangzhou, Tianjin, Sanya, Wuxi, Wuhan, Wenzhou...) et dépasse celle de Pékin et de Shanghai.

La conjoncture économique post-2008 incite encore davantage les marques de luxe étrangères à y développer leur réseau de points de vente, car la Chine est le seul marché où la consommation de luxe résiste à la crise financière. Les marques rachètent le réseau de distribution de leurs partenaires chinois (Coach en 2008 ; Burberry en 2010 ; Ferragamo en 2011), développent le format de *global concept store*, tout en multipliant les boutiques à travers la Chine.
Durant cette période, Dolce & Gabbana en ouvre quinze pour la seule période de 2012-2013, tandis que Zegna rénove et agrandi ses soixante-quinze magasins. En moyenne, les grandes marques doublent leur réseau de points de vente. Entre 2009 et juin 2011, Gucci ouvre dix-huit boutiques, Cartier seize, Coach dix-neuf. La machine s'emballe...

Et pourtant la demande ne tarit pas, d'autant plus que le pays s'ouvre aux médias de mode internationaux.

Les périodiques déjà présents (*Elle* et *Cosmopolitan*) voient leur diffusion irradier l'ensemble du pays, et ils sont rejoints par des nouveaux entrants : *Harper's Bazaar* (2001), *Marie Claire* (2002), *Health Trends* (2003) et, bien sûr, *Vogue* (2005).

« On voit ma boutique depuis la Lune »

C'est le temps des « vanity store » *:* si les boutiques avaient déjà atteint des tailles considérables lors du développement du Japon, la conquête de la Chine est l'occasion d'une affirmation de puissance et de grandeur des marques. Une course au gigantisme (auquel même Montblanc finit par céder, en ouvrant à Sanlitun, quartier de Beijing, un flagship de plus de six cents mètres carrés) à la mesure de l'aspiration des consommateurs chinois : il faut faire immense pour assouvir cette soif intarissable de luxe occidental. Cela tombe bien, il y a la place nécessaire et les loyers sont à l'époque encore attractifs, tandis que le rapport de forces avec les malls est, pour l'heure, en faveur des marques.

Toutes les conditions sont donc réunies pour que les marques de luxe reproduisent en boutique les recettes décrites précédemment : décor somptueux, célébration et déification de la marque, attention et contrôle de tous les détails... Qu'importe si le niveau de service n'est pas à la hauteur des standards occidentaux, le client chinois n'en a cure : il achète du produit, du statut, pas de la relation. Il veut du logo, pas qu'on lui raconte l'histoire de la marque ni les procédés de fabrication, ce dont la plupart des vendeurs locaux seraient d'ailleurs incapables.

Cette consommation de luxe est largement – et tacitement – soutenue par le système politique, qui autorise, voire encourage, les sociétés d'État à fournir des bons d'achat à ses cadres. Un complément souvent confortable à une rémunération par ailleurs modeste... mais qui permet de briller dans une Chine qui ne demande qu'à être éblouie. Dans un monde essentiellement masculin, les accessoires, l'horlogerie et les vins et spiritueux se taillent la part du lion.

Face aux excès des fonctionnaires et à la médiatisation locale et internationale de véritables scandales de corruption, Xi Jinping, nouvellement au pouvoir, met en place les premières lois anti-corruption et, petit à petit, les privilèges tombent.

Le gouvernement fait basculer le marché du luxe du public (cadeaux intercadres) au privé (entrepreneurs, cadres supérieurs et moyens plus que jamais encouragés à gagner de l'argent et à consommer), ce qui entraîne une mutation de la demande : elle se féminise (la mode explose, l'horlogerie s'effondre) et rajeunit.

Parallèlement, le nombre de malls et grands magasins de luxe en Chine continue d'augmenter : du pionnier Plaza 66, qui ouvre la Chine continentale aux groupes hongkongais, à Shin Kong Place, devenu SKP, premier mall luxe à Pékin (avec qui nous travaillons depuis 2012), en passant par des « chaînes » comme MixC, Seasons place, Intime, et des leaders locaux incontournables à Nanjing, Wuhan, Hangzhou, Qingdao...
L'univers commercial de luxe s'impose dans les villes, devenant de fait « the third place », après la maison et le bureau. Pour un de nos clients à Taiwan (ce n'est pas la Chine continentale, nous sommes bien d'accord), nous avons fait réaliser une étude permettant de mieux comprendre les motivations de visite des malls Premium et de luxe. Raison numéro 1 : « tuer le temps ». On va au mall pour se socialiser, pour se détendre, se ressourcer, pour déjeuner en famille... et

accessoirement pour acheter des marques de luxe. Cela a un effet pervers : orchestré dans de larges opérations immobilières, le luxe a aussi pour rôle d'augmenter fortement la valeur de l'immobilier résidentiel ou d'entreprise situé au-dessus des commerces : tous les promoteurs veulent un Vuitton dans leur mall... non pour offrir un retail d'exception (qu'ils comprennent généralement mal), mais pour valoriser leur programme immobilier.

Digital, et alors ?

La légende dit qu'au début des années 2000, lorsqu'on tapait www.chanel.com, la home page délivrait ce message lapidaire : *« Chanel n'aura jamais de site Internet... »*
C'est peu dire que les marques de luxe ont vu arriver Internet avec circonspection et qu'elles ont été longtemps réticentes à embrasser ce nouveau média. *« Pas de ça chez nous »*, disaient-elles...

Pourquoi cette frilosité ? À cause du fameux paradoxe du luxe sur Internet, abondamment commenté :
Alors que le luxe se caractérise par une image de rareté et de sélectivité, Internet repose sur le principe de diffusion et d'accessibilité, lit-on dans « Le luxe et Internet : évolutions d'un paradoxe[4].

Ajoutons à cela que, s'agissant de la notion de contrôle précédemment évoquée, il appartient sur le Web au consommateur, pas à la marque. On estime par exemple que près de 80 % de ce qui se dit d'une marque sur le Web n'émane pas d'elle directement...

---

[4] Angy Geerts, Nathalie Veg-Sala. « Le luxe et Internet : évolutions d'un paradoxe », in *Management & Avenir*, INSEEC/Management Prospective Ed., 2014.

Pas étonnant alors que nos « control freaks » aient freiné des quatre fers.

Sans parler du « temps du Web » – l'immédiateté –, opposé au « temps du luxe », par essence long... Et puis, sans doute le luxe n'a-t-il jamais aimé faire les choses comme les autres (les anti-lois du marketing évoquées par Kapferer).

Pourtant, les marques de luxe ont dû réviser leur jugement à mesure que les consommateurs, et en particulier ceux à fort potentiel, faisaient du canal Internet leur première source d'information avant achat. Dès le début des années 2000, on estimait que près de 70 % des acheteurs américains de voitures de luxe se renseignaient sur Internet avant de passer en concession. Constat qui a d'ailleurs conduit BMW à réaliser l'une des premières campagnes de Branded Content sur le Web pour une marque de luxe (BMW Films, qui n'ont pas pris une ride).

En 2015, 80 % des visites dans les boutiques des marques du LVMH Fashion Group en Chine étaient précédées d'une première approche digitale...
Les maisons ont donc dû créer un site vitrine – qui était, avant le développement des réseaux sociaux, le principal outil digital. En 2002, Hermès est la première marque de luxe à se lancer sur le Net, suivi de près par Burberry, Lancôme et Tiffany & Co.

Dans les premiers temps, l'immense majorité de ces sites vitrines n'étaient pas à la hauteur de la qualité, du « craft », de la puissance évocatrice qu'on peut légitimement attendre de marques de prestige. C'était la faute aux limitations technologiques de l'époque (souvenez-vous du temps de chargement d'une home page il y a plus de dix ans) et à un déficit de talents en agences de communication, peu de créatifs connaissant alors et le Web et l'univers du luxe.

Une autre question, épineuse, se pose assez vite aux marques de luxe : celle du e-commerce. « Vendra (en ligne) ou vendra pas » ?

D'un côté, les avantages sont multiples :

- générer un CA additionnel, conquérir de nouveaux territoires et de nouvelles cibles plus jeunes ;
- reprendre le contrôle vs la multiplication des sites libres, et donc lutter contre la contrefaçon et le *grey market* ;
- inscrire la marque dans la modernité ;
- progresser en matière de contrôle des prix.

De l'autre, une résistance quasi épidermique fondée sur deux craintes majeures, parfois partagées à l'époque par d'autres secteurs économiques :

- la nécessité de maintenir une forme d'exclusivité et de rareté, alors que le Web permet d'acheter n'importe où et à tout moment. Cette opposition est bien résumée par la phrase de Marie Audier D'Ellessandries, en charge du marketing North America de Coach : *« I'm not for everyone, yet I'm opening my doors to everyone*[5] *»* ;
- la « pauvreté » de l'expérience et de la relation en ligne, l'impossibilité de « toucher », de « (res)sentir » toute la qualité des produits, d'essayer, l'absence d'interaction et de conseils d'un vendeur… qui tend à réduire l'article de luxe à une simple commodité.

Les marques s'y attellent doucement, en adoptant des approches plutôt suiveuses, en progressant à petits pas, en adaptant les recettes marketing classiques, sans vraiment trouver la voie qui différenciera durablement le luxe sur la Toile.

---

[5] *« Je ne suis pas pour tout le monde, or j'ouvre mes portes à tous. »*

Mais au fond, était-ce si grave ? Si les prédictions s'accordent à estimer qu'à l'horizon 2025, les ventes en ligne représenteront une part importante de la croissance des ventes des marques de luxe (jusqu'à 25 %), selon Bain & Co les ventes Web ne représentaient en 2017 que 9 % des ventes des produits de luxe.

Et, si certains prédisaient la mort du point de vente face à la prise de pouvoir d'un nouveau modèle digital et dominé par le e-commerce, les files d'attente devant les boutiques sont toujours aussi longues pour accéder au rêve, en Chine comme ailleurs…

Alors, tout va si bien, vraiment ?

Plus de trente ans après le début de la folle croissance, le secteur du luxe ne s'est, semble-t-il, jamais aussi bien porté. Dans son dernier rapport d'activité, LVMH déclare enregistrer en 2016 des résultats record, malgré un contexte actuel d'incertitudes économiques et géopolitiques.

Les mêmes « grands manitous » dominent toujours la mêlée. Ces leaders ont réussi en s'appuyant sur leurs fondamentaux, en s'adaptant aux évolutions de la demande géographique, en agissant sur les leviers de l'offre pour soutenir la demande et renforcer la désirabilité de leurs marques, poussant encore plus loin leur logique du diktat du luxe. Cependant, ils n'ont pas remis en question leur approche stratégique, leur modèle de croissance ni leur culture. Et, si le rapport au luxe des consommateurs a évolué, la proposition faite par les marques n'a pas beaucoup changé…

Pourtant, des signaux plus ou moins faibles apparaissent qui conduisent à interroger le futur. De nombreux grands magasins, surtout aux États-Unis et en Chine, sont en souffrance, comme Macy's, qui annonce la fermeture de près de 70 % de ses points de vente. Dans le même temps, en raison d'une chute des ventes sur son année fiscale, Neiman Marcus doit suspendre son introduction en bourse...

En Chine, les marques de luxe occidentales, après une folle course à l'ouverture, réduisent la voilure et rationalisent leur politique d'implantation. Moins de boutiques, moins spacieuses... pour l'instant tout du moins.

En 2016, un rapport de l'Académie chinoise des sciences sociales disait que, en 2020, un tiers des shopping malls actuels auront disparu. Un nettoyage nécessaire, car il est indéniable que le marché est saturé d'offres assez pauvres, peu d'acteurs ayant une vraie culture de retailer, culture qui devient indispensable, le consommateur chinois s'étant transformé sous nos yeux : en quelques années à peine, sa maturité vis-à-vis du luxe a évolué de façon considérable (le professeur coréen Chang Kyung Sup parle dès 2010 de *« modernité compressée »*).

Le client chinois des boutiques de luxe et des malls est désormais bien plus complexe, volatil, exigeant et hétérogène. Les marques doivent améliorer drastiquement leur niveau de service. Il faut dorénavant parler histoire, complications horlogères, procédés de fabrication, ce qui nécessite un staff formé et loyal... pas seulement dans les villes de tiers 1 et tiers 2, mais également dans les nouveaux territoires que représentent les villes de tiers 3 puis tiers 4.

Si le consommateur chinois est particulièrement digital, c'est seulement parce qu'il est en avance : aux marques d'apprendre en Chine afin d'anticiper les changements ailleurs. Dans le seul secteur des cosmétiques, la distribution e-commerce représente près de 13 % des ventes en 2015, contre 2 % en 2014. KPMG estime ainsi que 5 à 10 % des achats de luxe en 2015 ont été réalisés en ligne, sur des plateformes telles que Mei.com ou Jumei.com, avec un panier moyen de trois cent cinquante dollars, en croissance de 27 % entre 2014 et 2015. WeChat et son milliard d'utilisateurs devient une plateforme de plus en plus attractive (et utilisée) pour la consommation de produits de luxe.

De nouveaux acteurs apparaissent. En Chine, où, selon Michel Chevalier et Pierre Xiao Lu[6], on recense déjà près de soixante-dix marques chinoises pouvant être identifiées au secteur du luxe et totalisant vingt-deux milliards d'euros de chiffre d'affaires. N'oublions pas que Chow Tai Fook réalise plus de dix milliards d'USD, ce qui en fait l'un des tout premiers joailliers au monde… et que dans la mode (NE-Tiger), l'ameublement (Banmoo), les vins et spiritueux (Maotai dont la capitalisation boursière est supérieure à celle de Diageo), l'automobile de luxe (Hongqi), la Chine tente d'installer « son » luxe. L'Asian Pride grandissante des consommateurs asiatiques ne demande qu'à découvrir des marques locales, promises à un succès rapide.

De nouveaux modèles aussi : partout dans le monde, le « luxury on-demand » a fait son apparition, tentant de remettre en question la notion même de possession de produits de prestige (joaillerie, maroquinerie). Les Young Affluents, nés avec le digital, voient leur pouvoir d'achat augmenter…
La définition même d'une marque de luxe évolue : pour certains, dont le bureau d'études L2 Developpement, Apple est la première marque de luxe au monde. Vaste débat que nous n'ouvrirons pas ici, mais qu'il est impossible d'ignorer.

[6] Michel Chevalier, Pierre Xiao Lu, *Quand la Chine s'éveille au luxe : la montée en puissance des marques chinoises*, traduit de l'anglais par Nathalie de Grissac, Paris, Eyrolles, 2016.

Un nouveau monde est en train d'émerger, avec de nouvelles règles, de nouveaux territoires géographiques, de nouvelles caractéristiques, qui bousculent même le modèle traditionnel « descendant » du luxe. C'est l'avènement de l'ère du *client first,* dans toutes les géographies, pour toutes les catégories. Et, pour le secteur du luxe, ce nouveau monde, complexe et en constante évolution, pose des challenges immenses. Les grands acteurs traditionnels comme les plus récents ne pourront cette fois faire l'impasse sur une remise en question de leur modèle et de leur culture. La révolution a déjà commencé.

CHAPITRE II

Ce nouveau monde dont le client est roi

Depuis plusieurs années, Amazon a étendu le périmètre des produits disponibles sur sa plateforme, au point que l'entreprise de Seattle vend désormais des places de concert, des couches-culottes et même des tableaux de maîtres... Quand on demande à Jeff Bezos comment il définit désormais la nature de son activité, il répond simplement qu'« *Amazon n'a qu'un business : servir les clients, et une obsession : leur satisfaction* ». Et l'on pourrait appliquer ce mantra à la grande majorité des acteurs du Web, qui tous les jours disruptent des pans entiers de l'économie : ils ont été pensés et structurés depuis le premier jour autour du client, pour le client, avec le client. Ce nouveau paradigme a créé un cercle vertueux (ou vicieux pour certains), forçant les acteurs de l'ancienne économie à élever leur niveau de jeu, pour au minimum améliorer la qualité du service qu'ils procurent et, dans l'idéal, repenser leur organisation et leur culture en mettant le client véritablement au centre.

Parallèlement, nous sommes entrés en plein dans l'ère de l'« hyper innovation ». Les découvertes scientifiques se multiplient, révolutionnant des domaines comme les nanotechnologies ou la génétique, alors que les progrès en matière d'intelligence artificielle ouvrent des perspectives étourdissantes. En matière économique, on innove plus, plus fortement et plus souvent dans davantage de secteurs. Selon l'étude CEO Study conduite annuellement par IBM, l'innovation et le chan-

gement sont les deux priorités des dirigeants dans le monde.
Le rythme d'adhésion à l'innovation s'est considérablement accéléré : il a fallu sept ans à peine à Facebook pour atteindre le seuil du milliard d'utilisateurs et trois ans seulement pour Snapchat.

Et nous, les consommateurs, dans tout ça ? Eh bien, nous sommes devenus les nouveaux rois de ce nouveau monde... Chouchoutés et flattés en permanence, nous avons pris des habitudes de monarques, voire de despotes. En l'espace de quelques années, nous sommes devenus hyper exigeants, instables, multiples, infidèles, impatients, intraitables, menteurs, rancuniers...

Ces nouveaux comportements ne sont pas de simples caprices de « divas consommateurs » trop gâtés, destinés à s'émousser. Ils sont là pour rester et s'amplifier puisque révélateurs de bouleversements sociologiques profonds et irréversibles : nous sommes en train de muer, d'adopter de nouveaux rapports au savoir, à l'apprentissage, au travail et au divertissement, d'embrasser de nouveaux modes de relations aux autres, de tisser des liens sociaux d'une nature différente. Notre relation au temps, à la possession, est en mutation.

Ce consommateur mutant ou « Homo smartphonicus » pose des challenges inédits aux maisons de luxe, qui, comme on l'a vu, sont fondamentalement structurées « selon le monde ancien » – dans une logique de l'offre, face à un consommateur qui était jusqu'alors plus lointain.

Lorsque nous intervenons chez nos clients, nous échangeons d'abord sur notre vision des grandes évolutions culturelles chez les consommateurs du luxe et sur les impacts potentiels pour le retail. Il s'agit de tendances de fond plus que de modes. À ce titre, nous sommes convaincus qu'elles perdureront au-delà de la prochaine saison... et qu'elles sont susceptibles d'aider à décrypter – et surtout, idéalement, à anticiper – les attentes et les comportements des clients de demain.

Portrait de ce nouveau consommateur dans toute sa complexité, et tour d'horizon des défis posés aux marques de luxe pour le (re)conquérir.

Maintenant ou jamais

« Je vais avoir dix minutes de retard... » Qui n'a pas envoyé un tel SMS à son interlocuteur ?
Pourtant, il n'y a pas si longtemps, on n'avait aucun moyen de prévenir que l'on était pris dans les embouteillages. Il y a une époque où, pour connaître la date de naissance d'un personnage célèbre, le résultat d'un match de foot, l'adresse du meilleur restaurant de la ville, il fallait ouvrir une encyclopédie, allumer sa télé, appeler un ami. Une époque où faire la queue était déjà désagréable mais toléré. Certaines choses prenaient du temps, voilà tout...

Aujourd'hui, nous sommes tous à quelques clics et à quelques secondes de tous les savoirs du monde. Et de tous ses produits et services. Aujourd'hui, Amazon Prime livre dans la journée, et la généralisation probable des livraisons par drone permettra bientôt de profiter du produit acheté plus rapidement encore.

Des applications mobiles comme Selectionnist permettent d'acquérir en ligne en quelques clics des vêtements vus sur un magazine de mode, tandis qu'à Singapour, grâce à un distributeur automatique ingénieux, on peut même acheter une voiture de sport en moins de quatre-vingt-dix secondes chrono.

Tous ces nouveaux outils et services, développés et améliorés chaque jour, nous sont devenus naturels. Ils créent une attente de rapidité dans la satisfaction de nos désirs et de nos besoins, l'habitude d'une gratification immédiate qui rend de plus en plus insupportable le fait de devoir patienter pour disposer de ce que l'on veut. La file d'attente devient intolérable. Comme l'indisponibilité d'un produit lorsqu'on fait l'effort de se déplacer en boutique : la phase « Nous n'avons pas ce manteau en stock ici, mais vous pouvez passer dans notre autre boutique je vous le fais mettre de côté » est de moins en moins acceptable...

Or ce nouveau rapport au temps va à l'encontre de l'un des fondamentaux du monde du luxe, où le temps est long.
Temps long pour fabriquer un produit, car il mobilise des matières nobles et des techniques complexes, temps parfois long pour obtenir son achat car la demande est trop forte, le produit n'est fait que sur commande, ou une partie du produit est réalisée sur mesure. La livraison peut prendre des semaines, voire des mois.

Cela peut certes être le cas pour l'automobile de très grand luxe – là, l'attente fait partie du « contrat de base », et recevoir son Aston Martin trop tôt irait presque à l'encontre de sa valeur perçue. Mais l'idée selon laquelle tel sellier ou tel chausseur se complairait à faire attendre ses clients pour surjouer la rareté est souvent largement nuancée : les équipes parlent volontiers de ventes perdues, de clients mécontents de l'attente ou du manque de transparence du process de listes d'attente, et la marque est vite perçue comme arrogante... Les effets négatifs potentiels sont nombreux.

Alors faut-il pour autant que l'industrie du luxe cède au diktat de l'immédiateté et de la gratification instantanée ?
Dans la mode, à l'autre extrême, le « see now buy now » s'est invité ces dernières saisons, médiatisé par

Burberry en 2016, repris depuis par de nombreuses marques, de Ralph Lauren à Tom Ford, mais va-t-il se généraliser ? Rien n'est moins sûr. Cette approche « from runway to store » est encore récente et il est difficile d'en tirer des conclusions.

Toutefois, certains en tracent déjà les limites. Massimo Ferretti, le président d'Aeffe, le groupe qui possède entre autres Moschino et Alberta Ferretti, a fait partie des early adopters du modèle lors de la première collection de Jeremy Scott pour Moschino, dès 2014. Il déclarait récemment : « *I would never consider moving the entire business over to this new and experimental strategy. Ultimately, quality ready-to-wear needs time for true creativity and quality to flourish. It is just not conceivable to create and scale collections three months in advance*[7]. »
Et, même au-delà du délai exigé par chaque intervenant pour atteindre la perfection du produit, le « juste » temps long (celui lié à de « bonnes raisons ») n'est-il pas une force différenciante des marques de luxe, qu'elles doivent adapter mais par essence conserver ? Malgré nos impatiences, n'est-on pas prêt aussi parfois à attendre pour être récompensé ?
Si tous les fans d'Apple ne font pas la queue dans une boutique la veille de la sortie du nouveau modèle, ne sommes-nous pas nombreux à en guetter l'arrivée et à différer notre achat en conséquence ?

C'est bien sûr une question de valeur perçue et de force prescriptive de la marque. C'est aussi faire l'hypothèse que, dans ce monde frénétique et volatil, le luxe apporte des moments salutaires et précieux de

---

[7] *« Jamais je ne songerais à appliquer cette stratégie expérimentale à toute l'entreprise. Si l'on veut proposer un prêt-à-porter de qualité, il faut laisser au processus créatif suffisamment de temps pour s'épanouir. Il n'est tout simplement pas concevable de créer une collection en moins de trois mois. »*

respiration, de contemplation, d'intemporalité, où l'on prend le temps d'apprécier le beau, l'indémodable… avant de repartir dans nos vies trépidantes.

Un bémol, ou plutôt une précision, qui est aussi une note d'humilité : l'analyse des tendances de consommation est un exercice périlleux dès qu'il se veut universel. Difficile donc, lorsque l'on évoque cette tendance du « maintenant ou jamais », de ne pas mentionner la particularité des consommateurs japonais, pour qui faire la queue reste un art, voire un plaisir.
L'un de nos clients joailliers nous avait demandé de l'accompagner dans la définition de l'expérience « Bridal », c'est-à-dire l'expérience client proposée aux (jeunes) couples à l'occasion de leur mariage, lors de leur recherche d'alliances et de bague de fiançailles.
Nous travaillions, entre autres, pour trouver une solution à l'engorgement des boutiques le samedi après-midi, jour privilégié d'essayage. Un seul pays s'est vigoureusement opposé à toute mise en place d'un process qui réduirait significativement le temps d'attente : le Japon. La foule était gage de qualité. Et nous avons dû adapter la signature générale de service de la marque à ce « sport national » pratiqué à Ginza le samedi.

Un exemple intéressant sur le temps long vient d'un benchmark inattendu d'une scénarisation de l'attente, qui a permis d'en faire une véritable expérience. Il s'agit de la gestion des quatorze mois qui ont séparé la commande des premières Nissan GT-R de leur livraison, en 2008.
Cette supercar a été lancée par Carlos Ghosn pour célébrer la supériorité technique d'un Nissan en plein renouveau. Entre courrier mystère, invitation à un stage de prise en main en avant-première (avant la presse), livraison de casques sur mesure et date de livraison décalée… dans le bon sens, l'attente a été

une aventure, une occasion de rencontres. Elle a donné à chaque client le sentiment de compter pour la marque – et a par ailleurs fasciné les propriétaires de bolides italiens qui n'avaient jamais été traités de la sorte.

Tout le monde se la joue perso

On a coutume de dire que les marques de luxe ont inventé la personnalisation. De Rolls-Royce, qui propose de personnaliser le tableau de bord de sa dernière Phantom en y intégrant, par exemple, un hommage à votre œuvre d'art préférée, en passant par les costumes sur mesure de Brioni et les créations sans limites de Berluti, il est dans l'ADN des maisons de luxe de satisfaire le souhait de leurs riches clients de se différencier de leurs congénères en possédant des pièces uniques. La personnalisation s'exprime aussi au travers du service offert aux VIP – visant à exhausser les moindres désirs-caprices d'une clientèle fortunée…

Que ce soit une chambre de palace intégralement redécorée selon les goûts d'un visiteur illustre, une boutique privatisée pour l'anniversaire de la fille d'un client dotée d'une table ornée de diamants à emporter (ils constitueront la seule addition à régler), ou ce grand vendeur joaillier, prévenu en pleine nuit, qui part au petit matin, avec ses gardes du corps, à l'autre bout du monde dans le jet de son client afin de présenter la nouvelle collection à une habituée de la maison… Rien n'est impossible pour créer les conditions d'une relation unique et privilégiée.

Mais la technologie a cassé ce « monopole de la personnalisation », tout d'abord sur le produit, en permettant à des marques plus grand public d'offrir un degré de customisation produit quasi illimité. Sneakers, cartes bancaires, canettes de soda, couleur de sa lessive. La liste des produits que l'on peut désormais créer à l'envi ne cesse de s'allonger. Le degré de personnalisation évolue également, notamment dans des secteurs qui en ont été les précurseurs, comme l'automobile, où les options à l'infini deviennent monnaie courante... et créent une contre-culture de personnalisation de masse qui pique parfois les yeux, le tuning.

Dans le même temps, des nouveaux acteurs digitaux apparaissent, spécialisés dans les produits customisés, comme BrandYourShoes, qui permet de créer des sneakers avec son propre logo.

Pouvoir créer ainsi un produit unique, qui répond à un besoin sociologique profond d'être considéré et d'exprimer sa personnalité, devient peu à peu un « must have » et, de fait, n'est plus un outil de différenciation.

En retail, cette personnalisation des produits est souvent l'occasion de théâtraliser le point de vente – comme chez Suitsupply à Londres, où un tailleur travaille à demeure dans la boutique de Vigo Street... pour une marque dont les costumes coûtent en moyenne trois cents pounds. Ou, pour les sneakers encore, dans certaines boutiques Nike où un expert NikeiD est présent pour accompagner le client dans sa création, qu'il a commencée ou finira en ligne.

Demain, la généralisation de l'impression 3D permettra de pousser encore plus loin la personnalisation des produits, en créant non pas des versions, mais des produits intégralement uniques.

Loin de s'arrêter à la personnalisation produit, les marques de mass market s'attaquent désormais à d'autres bastions. L'accueil du client, par exemple : en améliorant la qualité du clienteling en boutique, via des technologies permettant une meilleure reconnaissance client, on propose un traitement plus personnalisé et le client se sent valorisé. L'offre de services jadis réservés aux marques de luxe : plus besoin d'être client chez Harrods pour bénéficier d'un personal shopper : Topshop, enseigne « fast fashion » bon marché, propose ce service gratuitement et pour tous. Sandro invite ses VIP à des concerts privés.

Pour les acteurs du luxe, l'enjeu est important. Ils s'étaient construits en partie au travers de leur capacité à valoriser l'unicité de chacun de leurs clients, ce qui hier encore était leur monopole. Il leur faudra imaginer les solutions pour retrouver leur longueur d'avance.
Cela pourra se traduire par un plus fort degré de personnalisation. Bentley, par exemple, donne non seulement la possibilité de personnaliser jusqu'aux plus petits détails de l'habitacle, mais aussi de choisir le process pour y parvenir.
À New York, Bentley Studio propose un parcours exploratoire avec un styliste, qui aide le futur propriétaire à formaliser ses envies et ses goûts. On livre ensuite au client un moodboard, avec un choix de matériaux, de couleurs et d'équipements. Plus inspirant qu'un configurateur standard... et l'occasion d'un dialogue humain, incarné, intime.

Il faut repenser la personnalisation produit et définir un nouveau contrat relationnel avec les clients. Cela passera par une utilisation plus intelligente et plus stratégique des nouvelles solutions technologiques, et par l'opportunité d'approches disruptives, où de nouveaux acteurs, à partir d'innovations techniques, vont bouleverser des catégories bien établies. La joaillerie, par exemple, à qui l'on reproche parfois d'avoir peu bougé depuis des décennies. Si les diamants synthétiques ne sont pas nouveaux, des procédés innovants permettent désormais d'aboutir à des produits d'une qualité exceptionnelle, à un coût révolutionnaire (un tiers du

prix d'un diamant, tout de même), et sans les impacts négatifs sur l'environnement... Une pierre de qualité lancée dans ce monde très conservateur.
Nous avons d'ailleurs accompagné récemment une entreprise indienne dans ce domaine – avec laquelle nous avons aussi réfléchi à son modèle de commercialisation. Une piste : combiner achat classique et principe inspiré du leasing, où le client pourrait changer de diamant plusieurs fois par an.

What else ?

Les barrières traditionnelles à l'innovation (taille, capital, ressources, ticket d'entrée en marketing et communication) sont en train de tomber, déclenchant une inflation du nombre de marques, de services, de produits. Parallèlement, le développement frénétique des réseaux sociaux et l'amplification du bruit médiatique hystérisent l'information, créent une attente permanente pour le nouveau, l'extraordinaire, le jamais-vu. Il faut être le premier à trouver cette toute dernière vidéo stupéfiante, le premier à la partager, multiplier les likes avant de passer à autre chose. Nous sommes devenus addicts au nouveau dans notre consommation de l'information, du divertissement, et plus généralement dans nos achats.

En point de vente, que ce soit en boutique ou au sein de malls, cela se traduit par une attente de plus en plus forte pour la nouveauté et le renouvellement. On attend un merchandising plus excitant qui propose toujours plus de nouvelles tentations, un « visual merchandising » endiablé qui renouvelle la séduction des produits, une animation des boutiques qui donne des raisons de pousser la porte, afin de vivre des expériences inédites, surprenantes, extraordinaires.

De nombreuses marques premium ou mass market multiplient ainsi les événements en point de vente, en lien avec leur activité – le meilleur exemple étant sans doute Lululemon, la marque de vêtements de sport apparel, qui organise régulièrement dans ses boutiques des sessions de yoga ; les meubles ayant même été choisis pour être déplacés facilement afin de libérer l'espace pour les tapis…

Les marques de luxe, comme les autres, ont ainsi une obligation de plus en plus forte de renouveler l'intérêt de leurs clients et la curiosité de leurs prospects, tout en préservant leur intégrité – il faudra pour cela qu'elles réinventent leurs espaces physiques, comme nous le verrons dans la partie suivante.

Shoppus uninterruptus

Si vous tapez sur Google « *the sales* (ou *marketing*) *funnel is…* », le moteur de recherche fera les suggestions suivantes : « *dead* », « *obselete* », « *broken* »… Ce bon vieux funnel qui voyait l'acte d'achat résultant d'un processus linéaire et s'appliquant à tous, quelle que soit la catégorie de produit, est mis à mal à l'heure du smartphone.

« Je pense donc j'achète » devient la norme. Grâce à des applications comme Apple Pay, Google Wallet, ou Alibaba « Smile to Pay », l'achat d'impulsion est libéré…
Les progrès des technologies de reconnaissance d'image permettent de rendre presque tout reconnaissable donc achetable. L'investissement des leaders du Web comme Facebook dans le social shopping crée l'ubiquité de l'opportunité d'achat, qui se trouve de fait un peu désacralisée : un petit clic et hop ! une petite (ou grosse) dépense.

Dans le même temps, les frictions habituelles de l'acte de paiement en boutique disparaissent. Chez Apple, on ne paie plus en caisse depuis longtemps, mais dans le cadre de la relation individuelle avec son conseiller. Dans les points de vente Amazon, demain, avec la solution « Go » basée sur l'utilisation de technologies de machine learning et d'intelligence artificielle, on ne paiera carrément plus du tout... Dans les cabines d'essayage du flagship de Zara à Soho à New York, une machine de self-checkout de technologie RFID permet de régler ses achats sans passer par la caisse. *« L'introduction de la RFID est le changement le plus important que nous ayons réalisé à ce jour dans la gestion opérationnelle de nos boutiques*[8] », affirme Pablo Isla, P.-D.G. d'Inditex.

La caisse ne va pas intégralement disparaître en 2018, bien sûr. Mais le consommateur d'aujourd'hui, d'abord en Chine comme nous le verrons plus bas, mais plus largement dans le monde, montre un faible niveau de résistance à des solutions qui rendent sa vie plus facile.

Cette révolution de l'achat – plus digital, plus facile, moins engageant et ubiquitaire, doit conduire les marques de luxe à se poser trois questions principales, qui seront abordées dans les parties suivantes :

En point de vente, comment intégrer de façon harmonieuse de nouvelles solutions pour éliminer les « pain points » du retail physique et s'approcher au mieux de la fameuse « seamlessness » digitale ? Le paiement est un sujet évident, mais on peut aussi penser à l'essayage – des souliers notamment –, à la détaxe, au SAV. Comment éviter le « gadget », le clash anachronique entre la tradition immuable souvent célébrée en boutique et la modernité ?

---

[8] « RFID, l'arme secrète de Zara », *LSA*, 18 mai 2016.

Comment maîtriser les impacts sur la cérémonie de vente – particulièrement stratégique pour une expérience boutique réussie –, et comment la faire évoluer pour en renforcer sa magie et son efficacité ?

Quel doit être le rôle de la boutique, pour des consommateurs qui, même s'ils le font à leur rythme, achètent et achèteront de plus en plus de produits de luxe en ligne ?

Dans le bon sens, s'il vous plaît

Début décembre 2017, nous avons participé au jury des « early makers » de l'EM Lyon business school. Une vingtaine de groupes de six ou sept étudiants avaient travaillé pendant trois mois pour proposer un projet de start-up dans le luxe. Ces étudiants, très internationaux dans leurs origines, sont une bonne illustration du point de vue de leur génération.

Bien entendu, tous les projets tournaient autour de la notion d'« Expérience », sans laquelle aucun pitch ne tient plus de cinq minutes.

Plus singulier : cinq projets intégraient plus ou moins fondamentalement les enjeux de développement durable. L'avenir de la planète est en jeu, on le sait, et le luxe sera probablement bientôt de pouvoir respirer de l'air pur. Cependant les démarches des marques de luxe sont encore assez timides sur ces sujets pourtant cruciaux, et sources d'inspiration chez nos étudiants.
En 2015, une étude Nielsen montrait que près de trois millennials sur quatre se déclaraient être prêts à payer plus cher pour des « sustainable offerings ».

L'industrie textile dans son ensemble est fortement impactée. De plus en plus de marques s'efforcent d'intégrer des matériaux plus écologiques dans la chaîne de

production : biosynthétiques, bioplastiques, matières végétales, tout y passe.
Du côté des grandes enseignes dites de fast fashion, de grandes opérations ont également été lancées. En 2016, H&M est devenu le plus gros acheteur mondial de coton biologique et se donne maintenant pour objectif de fabriquer, d'ici à 2020, 100 % de ses collections avec du coton recyclé.

L'horizon visé est celui du long terme, du durable, à l'image des vêtements du styliste Tom Cridland, qui promet une durée de vie de trente ans. Certaines marques vont même jusqu'à accorder une garantie à vie sur leurs produits, tels JanSport pour ses sacs à dos, ou Manduka pour ses tapis de yoga.

Les grands acteurs du luxe ont un train de retard et leur premiers pas furent timides. La plupart des grands groupes et des grands magasins publient, certes, un rapport d'activité annuel « de développement responsable » ou de « responsabilité sociale ». Beaucoup se réfèrent à l'ESG (Environmental Social and Governance) ou inventent leur propre indicateur, comme le groupe Kering, qui a instauré un compte de Résultat Environnemental (EP&L pour Environmental Profit & Loss Account), mesurant l'impact écologique des différentes marques du groupe, et ce tout au long de la chaîne de production.

Stella McCartney a été l'une des premières entreprises de luxe à contribuer à des projets environnementaux, à travers son soutien à l'ONG Natural Resources Defense Council (NRDC), par exemple. Elle a aussi été l'une des premières, avec Valentino, Lanvin, Gucci ou Alberta Ferretti, à rejoindre le Green Carpet Challenge, plateforme de conseil visant à soutenir une mode compatible avec les principes de développement durable, d'éthique et de bien-être social. On peut désormais trouver chez Gucci des lunettes de soleil en

« bois liquide » et métal recyclé, s'offrir chez Chopard un parfum réalisé avec des ingrédients respectant le commerce équitable, ou acheter un trench dans l'une des nouvelles boutiques « durables » de Saint Laurent, certifiées LEED (Leadership in Energy and Environmental Design) et respectant de bonnes pratiques de gestion environnementales (éclairage, chauffage, climatisation). Sur le stand LVMH de VivaTech en 2017, la présence de matériaux durables a été très remarquée.

Enfin, nous décelons, en particulier en Asie, une tendance forte chez les propriétaires de malls de luxe à développer des concepts ou des expériences répondant à cette exigence environnementale croissante.

Cela se traduit, par exemple, par le choix des matériaux utilisés dans la construction, et par l'« outside inside » qui voit la nature s'intégrer dans les espaces commerciaux afin de créer des expériences eco-friendly. On pense au projet Tiandi Park Place à Wuhan, dans la province du Hubei en Chine, ou au Park View Green à Beijing.

On sent bien que l'industrie du luxe a pris du retard sur le consommateur, et que les résistances ont la vie dure.

Pour autant, là aussi, la réponse n'est pas forcément univoque et simpliste. Le « story telling du green » est évidemment utile pour certaines catégories et certaines marques, afin de mieux coller à l'époque. Pour le Food & Beverage, c'est une tendance forte, et déjà intégrée par de nombreuses marques (traçabilité, agriculture responsable et régénératrice, biodynamie, approches artisanales, circuits courts...). Dans l'hospitalité, c'est le développement du « sustainable tourism » et des « luxury eco-boutique hotels ».

Le développement durable et l'avenir de notre planète en général sont des sujets fondamentaux face auxquels nos considérations quant à l'avenir du luxe semblent dérisoires. Cependant, résolument optimistes de nature, nous formulons l'hypothèse que les maisons de luxe entendront tôt ou tard les étudiants de l'EM Lyon rêvant d'un luxe plus respectueux, et que les start-up de LaFrenchLuxe, porteuses pour beaucoup des projets green, embarqueront leurs aînées vers un monde plus écologique.

Pendant ce temps-là en Chine...

La Chine et les Chinois sont des acteurs incontournables dans le luxe, et c'est particulièrement vrai pour MAD. Nous avons la chance depuis 2012 que notre premier client soit SKP, premier grand magasin / centre commercial de luxe de Beijing, donc de Chine, et qui n'a fait depuis que creuser l'écart avec ses concurrents. Nous accompagnons son développement depuis la définition de son positionnement, il y a cinq ans, jusqu'à la stratégie de déploiement des nouveaux malls aujourd'hui. Nous travaillons également beaucoup avec MixC (filiale du CR Land, groupe en charge de la gestion des avoirs du parti communiste chinois, et qui devrait d'ici 2020 devenir la première foncière au monde), qui s'interroge sur le modèle du mall du futur – et sur la garantie de son succès initial puis de sa survie dans le temps.

En 2011, *The Economist* publiait un article intitulé « The mystery of the Chinese consumer », témoignant de la grande inconnue que représentait alors ce lointain et – encore – monolithique consommateur chinois. Depuis, on ne compte plus le nombre de rapports consacrés à ces « nouvelles classes moyennes et supérieures chinoises », proposant des typologies toujours plus détaillées de cette frange de la population, qui continue de croître et qui est de plus en plus courtisée. À mesure que ce groupe grossit, il se complexifie et se diversifie, à un rythme tel qu'il exige des marketers et des retailers de revoir constamment leur compréhension et leur analyse de cette clientèle qui change aussi vite que son pays.

Il s'agit avant tout d'en finir avec le mythe d'un client chinois à la culture radicalement différente, tout droit sorti du communisme et soudainement atteint d'une folie consumériste. En réalité, une grande partie des consommateurs de luxe chinois d'aujourd'hui ne diffèrent pas fondamentalement de leurs congénères occidentaux... si ce n'est par la rapidité avec laquelle ils évoluent et s'adaptent aux transformations sociétales.

Le luxe n'est plus seulement perçu par le prisme d'un logo qu'il est bon d'afficher, mais à travers l'accès à des expériences, des services et des univers privilégiés : on est moins dans le paraître que dans l'être, moins dans la recherche de l'avoir que du savoir. Quitte à dépenser de l'argent, le riche Chinois d'aujourd'hui préférera aller se procurer son Lady Dior avenue Montaigne plutôt que dans la boutique de Pékin, afin de découvrir la maison mère de la marque, se faire servir par une vendeuse à l'accent parisien, puis profiter en passant d'une pause gourmande chez Ladurée ou d'une balade le long de la Seine.

L'explosion de la consommation chinoise de produits de luxe à l'étranger ne s'explique d'ailleurs pas seulement par un différentiel de prix avantageux, mais aussi par le nouvel engouement de cette nouvelle génération de riches Chinois en quête d'une expérience de shopping « authentique », en retournant aux « sources » des marques de luxe et en se familiarisant avec leur histoire.

Ce qui se traduit de manière douloureuse pour les grands magasins du boulevard Haussmann qui ont parfois poussé le curseur un peu loin, pour se trouver qualifiés de pièges à touristes sur les réseaux sociaux chinois, laissant au Bon Marché le plaisir d'accueillir les plus éclairés des visiteurs de l'Empire du Milieu... sans les avoir jamais (officiellement) courtisés.

Cette maturité accélérée du consommateur chinois est encore renforcée par des acteurs du retail tels que SKP à Pékin (encore), qui met un point d'honneur à accompagner ses clients dans un vrai parcours initiatique au luxe : un magazine ouvert sur le monde, des expositions célébrant les marques, des défilés de mode, des pop-up, mais aussi des événements professionnels internationaux relayés dans le magasin... jusqu'à des ambassadeurs symboliques d'un art de vivre XXL, coiffeurs-créateurs réputés, nouveaux concepts de librairies lounges, restaurants étoilés, galeries d'art éphémères, et demain salles de cinéma immersives privatisables... devenant ainsi de véritables destinations de « lifestyle de luxe ». L'objectif : que le centre commercial devienne LE lieu permettant aux clients chinois d'étancher cette soif d'élévation qui semble intarissable.

Demandeur d'expérience, connecté, inconstant... le consommateur chinois est en fait un consommateur hypermoderne comme les autres. Oui mais... à un degré encore plus extrême. Car il est encore plus ultra-connecté, ultra-inconstant, ultra-demandeur d'expérience et... ultra-consommateur. Il est l'hyper de l'hypermodernité.

Plus connecté, d'abord. Le smartphone est devenu en quelques années un instrument indispensable à la plupart des activités quotidiennes : acheter un kilo de fruits au vendeur de rue – déjà équipé d'un QR code scotché sur son triporteur –, payer sa facture d'électricité, localiser un vélo de location dans la ville et même dénoncer un citadin incivil fumant dans un lieu public.

Mais, surtout, les consommateurs chinois sont bien moins frileux que beaucoup d'Européens à dépenser en ligne, même pour des produits très chers et très qualitatifs[9]. Ils n'y achètent pas seulement de l'alimentaire, des vêtements et de l'électronique, mais aussi des sacs et des voitures du luxe[10].

Ils sont plus inconstants, aussi. Les consommateurs chinois sont dotés d'une logique de la consommation mobile et immédiate bien ancrée dans leurs mœurs et d'une culture du luxe relativement récente, rien ne les incite donc pour l'instant à jurer fidélité aux marques de luxe étrangères. Leur choix se porte aujourd'hui sur le restaurant le plus commenté sur Dianping, sur la marque qui diffusera la meilleure vidéo sur les réseaux sociaux, ou sur le sac porté par un KOL (Key Opinion Leader). Ils s'appellent Gogoboi, Kris Wu, Hu Ge, ou Yang Mi pour les ados, ils sont blogueurs, stars de séries télévisées ou chanteurs de pop, et font la loi de ce qu'on appelle désormais l'« économie des fans » (*fensi jingji*, 粉丝经济).

Bien qu'avec un peu de retard, les groupes de luxe prennent néanmoins conscience de l'ampleur du phénomène et s'associent à ces icônes d'une nouvelle ère. Les quatre-vingts sacs Givenchy designés par le

---

9 En 2016, la dépense moyenne était de 1 677 $USD (11 403 RMB) et devrait atteindre 1 800 $ en 2017, contre une moyenne de 1 200 $USD en Europe de l'Ouest (Pologne incluse).

10 En 2015, Alibaba et le concessionnaire de voitures de luxe Yongda Automobiles, qui vend entre autres les marques Bentley, Jaguar et Land Rover, signaient un accord de partenariat pour la vente de voitures sur Tmall à des prix avantageux.

blogueur Tao Liang – alias Mr Bags – se sont vendus en douze minutes sur WeChat, Burberry a fait de la star de pop Kris Wu son ambassadeur, Aspinal of London a lancé une collection limitée de sacs signés par l'actrice Yang Mi.

Instantanéité, facilité d'accès à une plateforme de vente en ligne, nouveauté permanente, communication active et ultra-interactive sur WeChat, voilà des prérequis pour le consommateur de luxe chinois, qui font pourtant encore défaut à beaucoup de marques internationales.

Cela est d'autant plus urgent que des concurrents locaux, mieux familiarisés avec les consommateurs et déjà maîtres dans la stratégie marketing « version 4.0 », commencent à faire parler d'eux. Et, contrairement aux marques de luxe étrangères, ils peuvent revendiquer une connaissance de la culture et d'un savoir-faire national[11], ce à quoi les consommateurs chinois d'aujourd'hui sont de plus en plus sensibles. Le joaillier Wallace Chan utilise ainsi le jade impérial pour tailler ses pièces uniques de sa « Wallace cut », technique qu'il a fait breveter. La styliste Guo Pei, surnommée la Coco Chanel chinoise, qui a confectionné les costumes de la cérémonie des Jeux olympiques de Pékin en 2008, habille aujourd'hui Rihanna et Lady Gaga.

En guise de réponse, quelques groupes de luxe étrangers essaient doucement de se siniser en créant ou en s'associant à des marques locales. Hermès et Shang Xia sont le premier exemple. Kering rachète

[11] Le gouvernement chinois a ainsi instauré en 2006 une appellation « marques historiques et traditionnelles chinoises », authentifiant des marques chinoises promouvant un savoir-faire transmis de manière générationnelle et étant sous le contrôle de capitaux chinois.

Qeelin. Le président de Guerlain, avec le soutien de LVMH, a lancé en 2016 la marque Cha Ling (茶灵). Estée Lauder est derrière la griffe Osiao distribuée en Chine depuis 2012, et L'Oréal a racheté la marque de cosmétiques Yue Sai, fondée en 1992 par la célèbre présentatrice Yue-Sai Kan. Mais l'effort reste timide et, dans le « nouveau monde » du retail, pas sûr que cela suffise à satisfaire la demande de notre nouveau Chinois fortuné.

Néanmoins, si le client de luxe s'est globalement sophistiqué, le Chinois au comportement bling-bling, roulant exclusivement en BMW, exhibant son iPhone – forcément doré – et choisissant ses hôtels en fonction du prix de la nuitée, n'a pas complètement disparu. Les habitants des villes de tiers 1 et 2, davantage et mieux exposés au luxe, seront plus sophistiqués que les autres. Et les vingt/quarante-cinq ans, mieux informés et plus curieux, le seront davantage eux aussi.

Ainsi, tandis que la clientèle urbaine des villes de tiers 1 et 2 est devenue plus sélective et plus discrète, de nouvelles cohortes de millions de Chinois viennent tous les ans alimenter les couches aisées de la classe moyenne, acquérant soudain un important pouvoir d'achat sans toujours savoir comment l'exercer...

La file d'attente devant le Louis Vuitton des Galeries Lafayette, c'est eux, alors que beaucoup de leurs compatriotes se dirigent désormais vers les créateurs du Bon Marché. Ainsi, certains riches Chinois snobent aujourd'hui la « banalité » d'un sac de grande marque quand d'autres ne connaissent encore du luxe « occidental » que les seuls noms Vuitton ou Gucci – et sont même prêts à suivre des formations à plus de 16 000 dollars la semaine pour apprendre à bien les prononcer. Toute la question est d'ailleurs de savoir si ces nouveaux arrivants vont, comme leurs aînés, franchir une à une toutes les étapes de la sophistication, ou s'ils vont directement passer au meilleur niveau actuel sans passer par la case logos.

Pour les marques de luxe installées en Chine, l'opposition urbain/rural est désormais bien trop simpliste. On parle aujourd'hui de villes chinoises tiers 4 et tiers 5 comme des foyers de croissance et de consommation de demain. Foshan, Wenzhou ou Changsha... Des villes inconnues de beaucoup mais qui, selon l'Intelligence Unit de *The Economist*, devraient d'ici 2030 compter plus de consommateurs à « hauts revenus » que... Pékin.

À cet étagement géographique il faut encore ajouter l'extrême rapidité des évolutions sociétales : l'horizon d'une génération n'est plus de vingt mais de cinq ans. Après la génération idéaliste et entrepreneuriale des *balinghou* (post-1980), puis celle plus individualiste des *jiulinghou* (post-1990), incarnant une culture rebelle et alternative, les sociologues chinois ont désormais le regard rivé vers les *jiulingwuhou* (post-1995), la génération des *digital* voire *mobile native*.

Cette génération tournée vers l'avenir rêve de succès rapide, consomme de manière plus impulsive, ne jure quasiment plus que par le e-commerce et se fie davantage aux posts des KOLs sur les médias sociaux – ou plutôt *le* média social omnipotent que représente WeChat – qu'aux conseils des experts et des professionnels du secteur. Aujourd'hui, elle représenterait 5,9 % de la population chinoise totale, soit pas moins de 78,5 millions de consommateurs potentiels localisés en majorité dans les villes émergentes des tiers « inférieurs ». Pour les marques de luxe, elle est la cible stratégique de demain. Mais encore faut-il pouvoir en suivre le rythme d'évolution...

En tout cas, c'est la fin du luxe facile en Chine. Le marché chinois montre sa complexité qui, comme chez son consommateur, est poussée à un niveau « ultra ». Les grands groupes de luxe qui semblaient, il y a cinq ans encore, les rois du pétrole en Chine – où il suffisait presque de multiplier quelques points de vente dans les métropoles côtières du pays pour compenser la morosité du marché à l'Ouest – doivent aujourd'hui remettre en cause leur approche monolithique et s'intéresser plus sérieusement à la diversité de la clientèle. Segmenter plus finement l'offre domestique, proposer un vrai service dans la compréhension de la culture locale et une expérience unique dans les boutiques en Chine continentale, et, surtout, s'adapter aux nouveaux formats de vente et de communication locaux – e-commerce chinois et WeChat principalement –, développer une customer centricity « à la chinoise », qui ne peut être la reproduction exacte de celle adoptée ailleurs, voilà autant de challenges que les grands acteurs du luxe occidentaux doivent relever pour continuer à prospérer en Chine.

Nouveau monde, nouveau casting

Quand un nouveau monde émerge, il donne naissance à de nouvelles créatures, mieux adaptées pour survivre. On voit ainsi depuis quelques années l'apparition d'entreprises d'un nouveau genre : des propositions conçues pour réconcilier le luxe et ce consommateur roi, pensées autour de lui et pour lui. Ces marques, souvent *digital natives*, sont imaginées pour répondre aux exigences que nous avons détaillées plus haut. Et peuvent, de ce fait, donner un coup de jeune au luxe traditionnel.

Depuis 2016, MAD fait partie des membres fondateurs de LaFrenchLuxe, une formidable initiative pour encourager le développement des jeunes pépites du

luxe, des start-up innovantes qui veulent faire vivre et moderniser le luxe français.
Lorsque vous montez une fintech ou une healthtech, un parterre d'investisseurs est potentiellement intéressé : des incubateurs, des business angels et autres sponsors. Quand vous vous positionnez sur le marché du luxe, un des trésors français, c'est nettement plus compliqué. LaFrenchLuxe regroupe pourtant des entrepreneurs de grand talent, qui partagent leurs forces et leurs rêves, et dont les idées, le courage et la fraîcheur donnent un sacré coup de jeune à l'industrie.

C'est le cas de InstantLuxe, fondée par Yann Lefloc'h, un site de vente en ligne d'objets de luxe d'occasion. Instantluxe.com, acquis par les Galeries Lafayette en 2016, et qui a déjà séduit plus de 700 000 membres, propose d'acheter et de vendre des articles de luxe d'occasion de marques prestigieuses, en maroquinerie, joaillerie, accessoires. Les produits proposés par les internautes qui veulent « détoxer leurs garde-robes » sont inspectés par des cabinets indépendants, garantissant leur authenticité... et une heureuse seconde vie.

Nous évoquions l'attente croissante de transparence de la part des nouveaux consommateurs, en particulier les plus jeunes. La marque Everlane, qui propose les grands basics du ready to wear, comme Uniqlo ou J.Crew, a fondé son business model sur la « radical transparency » : elle dévoile le coût et les conditions de travail dans ses usines, et informe sur les matériaux utilisés dans la fabrication du produit. C'est un carton auprès des millennials.

De nouveaux acteurs innovent aussi en ouvrant d'autres portes au luxe, en créant de nouveaux moments d'expérience. 1889 Experience est une belle illustration de ces entrepreneurs talentueux qui proposent d'accompagner les marques de luxe dans la dimension expérientielle. 1889 crée et opère des stratégies globales de Client Experience Management auprès des plus grandes maisons de luxe françaises. Ils établissent des programmes cohérents avec l'ADN des marques, sourcent des expériences d'exception « money can't buy » tout en mettant en scène le savoir-faire artisanal français.

Beaucoup de ces nouvelles approches sont encore confidentielles et populaires en premier lieu auprès des millennials. Elles contribuent néanmoins à créer, petit à petit, auprès du plus grand nombre, des nouveaux standards de modernité, de facilité, de rapidité, d'éthique. Leur arrivée à maturité et leur multiplication ne feront que renforcer la distance entre les pratiques des grandes marques de luxe traditionnelles et les attentes des consommateurs.

Nous n'avons pas de boule de cristal… Personne ne peut prévoir avec précision ce que nous réservent les prochaines années et quel sera le nouveau visage du consommateur de demain. Mais nous avons une certitude : on ne reviendra pas en arrière, et les défis posés aux marques de luxe traditionnelles vont s'amplifier, se complexifier, au fur et à mesure de l'avènement de la génération Z… Les grands acteurs du luxe seront toujours plus bousculés dans leurs fondamentaux, par un client rebelle et en changement constant, et par des concurrents de nouvelle génération.

Certaines marques haut de gamme, on l'a vu, ont déjà pris acte de la réalité d'un monde nouveau et tentent d'apporter des réponses. Mais, trop souvent encore, il s'agit de réponses ponctuelles, réactives, « cosmétiques », qui ne sont pas à la hauteur des enjeux et des nouvelles exigences.

Nous sommes convaincus que ces grandes marques de luxe ne pourront se soustraire à ces changements profonds, de véritables révolutions dans leurs prati-

ques, leur culture, leurs organisations. Cela nécε une vraie démarche de changement.
Ce qui ne signifie pas pour autant faire acte de s mission à ce nouveau régime et subir le diktat des consommateurs ! Il s'agit de définir « une nouvelle voie », qui associe les forces habituelles du luxe, toujours puissantes, et, lorsque cela fait sens, de nouvelles approches, une remise en cause ciblée et maîtrisée de dogmes anciens. Cette voie sera parfois étroite car les marques établies ne peuvent pas tout bouleverser et adopter d'un coup les divers comportements de leurs nouveaux concurrents. Elles ont une histoire, des équipes, des pratiques éprouvées et une clientèle existante, parfois âgée, qu'il leur faut préserver.

Nous allons présenter, dans les prochains chapitres, trois « révolutions » qui nous semblent indispensables – et évoquer des pistes de solutions concrètes pour que les leaders du luxe se transforment tout en respectant leur statut, leur histoire et leurs différences, pour imaginer leur propre chemin dans ce nouveau monde et pérenniser ainsi leur succès.
Au cœur de cette démarche – de ces révolutions maîtrisées –, l'invention d'une nouvelle relation entre les marques, leurs clients et leurs fans d'aujourd'hui et de demain. Bien plus que de simples « contacts » et interactions à coups d'e-mails, de likes ou d'hashtags : un véritable lien. Un lien profond et intime, rationnel et émotionnel, plus équilibré, entre une marque de luxe avec toute son histoire, son intégrité, sa modernité, et un consommateur. Car, au fond, cet *Homo smartphonicus*, au-delà de tous ses travers et de ses nouvelles caractéristiques, sera toujours à la recherche, demain comme hier, d'une seule et même chose : ce lien justement, cette connexion avec ses semblables, mais aussi avec des marques, pour autant qu'elles le comprennent, le respectent, parlent son langage et partagent ses valeurs.

CHAPITRE III

La révolution de l'espace

À quoi ressemblera la boutique de luxe de demain ? Sera-t-elle toujours le lieu de la célébration de la marque – cette cathédrale conçue pour le culte des fidèles ? Quelle nouvelle articulation devra-t-on inventer, entre flagships, corners, pop-up… ? Le digital pénétrera-t-il vraiment la boutique, au-delà des ajouts « cosmétiques » ? Quels nouveaux formats hybrides verront le jour, à la croisée d'un espace transactionnel et d'un lieu d'expériences ?
Alors que l'e-commerce gagne en maturité, et qu'un nouveau consommateur par essence omnicanal prend le pouvoir, on s'interroge sur le rôle même de la boutique transactionnelle, sur sa légitimité.

Une chose est sûre, le retail restera, comme ces dernières décennies, un facteur stratégique majeur du succès futur d'un grand nombre de marques historiques ou récentes. Toutefois il s'agit bien de le réinventer – ce qui a déjà commencé. Et si personne ne peut prétendre imaginer maintenant les caractéristiques précises des espaces de luxe de demain, qu'ils auront certainement, quelle que soit la catégorie ou la géographie, un socle commun : avoir été inspirés, pensés et organisés autour du client, et de l'expérience qu'on souhaite y créer, dans le cadre d'une démarche omnicanal intégrée. Penser « client first », c'est reconnaître que l'espace de luxe doit d'abord et avant tout devenir le lieu privilégié d'une véritable relation avec le client – par essence personnalisée et évolutive.

Penser « client first » dans la conception et la réalisation de son espace, c'est se mettre dans les meilleures conditions pour faire face à tous les futurs, toutes les concurrences, toutes les opportunités. Penser « client first », c'est accepter qu'au cœur de l'expérience client… il y a, ultimement, le client.

Toutes les mêmes ?

L'année dernière, une étudiante du mastère luxe d'HEC dans lequel nous intervenons, et à laquelle nous demandions quelles étaient ses boutiques préférées, nous a répondu candidement : *« C'est pas facile, elles se ressemblent toutes un peu ».* Anathème ! *Vade retro !* Choqués dans un premier temps, nous avons argumenté patiemment, expliquant que chaque boutique avait sa propre personnalité. Mais avait-elle tout à fait tort ? Car, au fond, si on exclut les éléments de branding et l'iconographie spécifique à l'univers de chaque marque, les points communs existent : signature architecturale ambitieuse, espace parfois immense, voire gigantesque, débauche de matériaux luxueux, œuvres d'art intégrées dans l'espace, vitrines sublimes, défilés de mode sur écran pour les marques de vêtements, comportement parfois distancié du staff… Et si l'on se place au niveau du concept, de l'histoire racontée par la boutique, on conviendra que les thèmes de l'appartement parisien ou du club anglais (parfois italien…) ont été surexploités ces dernières années.

Céline a introduit une vraie rupture, avec son concept de « galerie d'art » revisitée. Même l'escalier de l'avenue Montaigne semblait être un clin d'œil à celui du MoMA. Et puis le luxe a copié le luxe, et cette approche minimaliste adepte du « less is more » a inspiré la plupart des marques de mode ou de luxe en général...

et les marques premium également, qui ont récupéré sans vergogne les codes de leurs camarades. Le résultat : une légère et grandissante impression d'homogénéité.

Cela est-il vraiment étonnant ? Le modèle Louis Vuitton – qui a été une des premières grandes maisons à investir massivement dans le retail (et avec le succès que l'on connaît) – a donné le ton et créé « un standard de boutiques »... Celles-ci ont été pensées pour célébrer la marque : le client y retrouve cet entre-soi, le luxe, le calme, la volupté qui sied à son standing et à son portefeuille. Les autres peuvent prendre part au rêve et prétendre pour quelques minutes faire partie des happy few – on sait d'ailleurs qu'une part importante des visites avenue Montaigne, sur Bond Street ou à Ginza n'est pas convertie en achats, parce que provenant de simples spectateurs.

Rien de neuf sous le soleil : Audrey Hepburn rêvait déjà devant les vitrines de Tiffany.

Pour rester des lieux de haute désirabilité mais également de forte efficacité commerciale, les espaces de luxe doivent accomplir un véritable effort de différenciation, voire, pour certains, de modernisation. Il s'agit de les penser et de les organiser autour du client, et même autour des clients dans leur diversité.

Car la boutique de luxe est aussi un lieu où se croisent des populations dont les attentes, les cultures, les potentiels, l'image qu'elles véhiculent sont très différents. Et concevoir un lieu qui ravisse aussi bien un petit groupe de touristes chinois, un rappeur américain, une princesse saoudienne, une étudiante parisienne et un cadre de province est d'une grande complexité.

On rencontre quelques surprises : un de nos clients, marque fashion venant de recruter un DA des plus conceptuels, pensait que la cohabitation entre ses clientes habituées et la horde de nouvelles fashion victims débarquant en boutique allait poser problème. Au contraire, la première population s'est sentie rajeunie par cette nouvelle présence énergisante.

Des clients donc, dont il ne faut pas préjuger qu'ils vont forcément s'opposer malgré leurs différences, et pour lesquels la boutique peut être une occasion unique de rencontre, de socialisation spontanée et improbable.
On touche là au cœur de l'ADN de MAD, à notre conviction : tout part du client, et de cette rencontre que la marque orchestre. Avant de s'interroger sur la couleur de la moquette ou la localisation des cabines d'essayage dans l'espace (questions certes importantes), il faut commencer plus en amont et se demander : quelle histoire la marque veut-elle partager, offrir, raconter dans cet espace ? Et à qui ?

Il était une fois

La « Retail Story » est l'histoire, le thème propriétaire de la boutique, qui lui confère sa personnalité unique et lui permet de se différencier. Elle constitue la fondation qui va inspirer et guider la totalité de l'expérience en boutique, le fil rouge qui unira de façon cohérente et harmonieuse la présentation des produits, l'organisation de l'espace, la cérémonie de vente. La Retail Story représente d'une part le croisement entre l'ADN de la marque, son histoire, ses valeurs, sa vision du monde, et d'autre part les clients, leurs profils et leurs attentes. Elle doit également résonner avec des tendances sociétales et culturelles.

Une Retail Story est suffisamment large pour accueillir des spécificités locales dans un contexte de réseau international. Elle est le point de départ de notre méthodologie, que nous avons appliquée depuis presque dix ans, avec près d'une cinquantaine d'acteurs du luxe, de grandes maisons ou de marques plus confidentielles, en France et dans le reste du monde. Sans elle, il nous semble très difficile de créer une expérience véritablement unique et mémorable. Sans une Retail Story spécifique et aspirationnelle, le risque est grand d'aboutir à une boutique qui, même si elle fait le job sur le plan statutaire, ressemblera à tant d'autres (produits mis à part, bien entendu).

Imaginez la scène suivante : vous pénétrez dans la boutique d'une grande maison de luxe, sans avoir préalablement vu l'enseigne. Pourtant, vous savez immédiatement, presque intuitivement, où vous êtes. Peut-être est-ce l'espace en lui-même, sa configuration particulière, qui vous avait marqué lors d'une visite d'une autre boutique de cette même marque à l'étranger quelques mois auparavant ? Peut-être sont-ce les meubles, la décoration, très reconnaissables ? Ou un élément d'architecture intérieure singulier. Ou non, plutôt comment vos autres sens sont mobilisés… Cette musique unique, le bruit particulier des pas sur cette moquette, ce parfum caractéristique du cuir… Ou alors cette façon dont vous avez été accueilli ? Ou peut-être une combinaison harmonieuse et cohérente de tout cela, qui crée chez vous la certitude d'être chez X et nulle part ailleurs.

Bref, la première impression est fondamentale, comme dans toute rencontre. Et la dernière aussi, qui va largement contribuer au souvenir.

Lorsque nous travaillons avec des maisons qui ont parfois plusieurs décennies, voire plusieurs centaines d'années, il est fondamental (et difficile !) de trier dans les multiples codes et histoires pour mettre en exergue ceux qui inspireront le mieux la Retail Story. Revisiter, réinventer, pour s'enraciner, donc s'aligner et... s'envoler !

Quand vous rentrez dans une boutique Dior, que vous soyez à Milan, Moscou ou New York, vous avez le sentiment de pénétrer dans l'appartement parisien (revisité, certes) de Monsieur Christian Dior. C'est la Retail Story (post-rationalisée). Elle est incarnée par le design et la décoration (les codes coloriels avec une infinité de gris, les chaises, cette œuvre d'art qu'est souvent l'escalier avec son jeu unique de vidéos, etc.). La promenade commence, de pièce en pièce (y compris dans un shopping mall chinois où aucune contrainte architecturale n'impose un parcours par pièce), avec ce raffinement tellement particulier à cette magnifique maison.

Dans un univers totalement différent, la Retail Story d'Abercrombie & Fitch est « the night-club for young and beautiful people ». Ambiance lumineuse sombre, musique à fond, parfum un peu agressif dès l'entrée, produits présentés comme dans un bar, « beautiful vendeurs » dont la principale qualité est l'anatomie, tous les ingrédients de la boîte de nuit sont déclinés.

Pour inventer la Retail Story la plus appropriée à une marque, nous devons aller en amont, afin de comprendre les objectifs stratégiques et business de l'entreprise, son positionnement. Cela est indispensable pour déterminer le dimensionnement des espaces, la séquence des catégories, le ton et l'ambition des messages subliminaux que l'ambiance générale de la boutique devra transmettre. Nous devons nous plonger dans l'univers de la marque, son histoire, sa mythologie. Interroger les différentes parties prenantes (board et senior management, achat/merchandising, visual merchandisers, marketing/communication, vendeurs...), pour enrichir et affiner notre compréhension de la marque, son territoire, ses valeurs, son caractère. Étudier les signes émis par les boutiques actuelles pour déceler des pistes possibles, des codes identitaires peut-être sous-exploités. Et, pour garantir la pertinence, travailler à cerner la typologie, la personnalité et les attentes des clients d'aujourd'hui et, surtout, de demain : études de tendance, entretiens avec des key opinion leaders, avec des fans de la marque et des clients potentiels, interviews en boutique... Quand une maison horlogère au succès insolent nous explique qu'elle veut *« casser les codes »* du retail horloger, pourquoi pas. Mais qu'est-ce que « casser les codes » pour ses clients ? Intégrer la connaissance des clients dans ce process est fondamental, car c'est à ce croisement, entre les clients et la marque, que se situe le « sweet spot » de la Retail Story.

La Retail Story peut s'ancrer sur plusieurs schémas.
Elle peut tout d'abord – et c'est l'approche la plus simple – raconter un lieu (un atelier, un club, une galerie, un appartement, un boudoir...), ce qui facilite la reconnaissance par les visiteurs. Pour une marque de jambon célèbre, par exemple, nous avons retenu « la réserve du connaisseur », où le jambon devient star. Pour une très belle marque joaillière, nous avions développé « la chambre de la princesse ». Cela faisait écho à l'ADN de la maison, empreint de merveilleux.
Dans d'autres cas, une approche plus conceptuelle peut avoir du sens. Quand nous avons eu la chance de travailler sur le projet de réinvention de l'Orient-Express, il a fallu dépasser la simple description d'un train infiniment luxueux pour incarner une aspiration : celle d'un voyage émotionnel, extraordinaire et fait de rencontres et d'imprévus.
Pour Fauchon, plutôt que de qualifier un lieu, nous avons capturé un savoir-faire, celui du « food artist ».

Avant tout, la Retail Story doit être profondément cohérente avec les racines et la culture de la maison.

Elle peut être orientée vers le client, vers le produit ou vers la célébration de la marque.
Chanel ou Dior ont des Retail Story plutôt orientées vers la marque. Le visiteur est accueilli dans l'appartement de Gabrielle Chanel ou dans l'hôtel particulier de Monsieur Dior. Ce thème est ensuite magistralement décliné et recomposé pour chaque boutique ou presque. Mais le fil rouge est là.

Autre piste. Dans le retail, deux marques ont marqué les esprits : Nespresso et Apple. Dans les deux cas, le parti pris a été de mettre l'espace au service des clients et de leur parcours, point de départ de la réflexion et de l'organisation des espaces.

Quand vous entrez chez Apple, vous n'allez pas faire une petite visite chez Steve Jobs. Angela Ahrendts expliquait, à l'ouverture d'un nouvel Apple Store à San Francisco, leur dernier concept : *« Nous ne faisons pas seulement évoluer le design du concept, le but est qu'il joue un plus grand rôle pour la communauté, pour éduquer et divertir les visiteurs, mais aussi servir les entrepreneurs locaux*[12] ». Un espace surnommé « L'avenue » est dédié aux produits. Il est inspiré de vitrines situées le long d'un boulevard, changeant en fonction des saisons.

La Retail Story d'Apple est orientée autour des clients, pensée pour la promenade qui va leur être offerte, qu'ils viennent pour un accessoire, un cours, découvrir un produit qu'ils achèteront ici ou en ligne, ou discuter des fonctionnalités d'une appli. Le tout avec une immense fluidité.

Pour conclure, le troisième type de Retail Stories est orienté produits. Les marques joaillières et horlogères l'illustrent bien. Sauf exception, vous n'allez pas faire

---

12 « Apple dévoile son nouveau concept à San Francisco », *LSA*, 27 mai 2016.

un tour dans l'appartement du fondateur, et le parcours client aura une fonction essentielle : lui faire découvrir les produits, magnifiés. La star, c'est le produit. La première rencontre avec les comptoirs ne prend que quelques secondes, l'iconographie met davantage en avant les pièces que ceux qui les portent, le cœur de la cérémonie de vente est la présentation du produit, de son contenu, de ses détails.

Il n'y a pas un type de Retail Story qui soit meilleur ou plus efficace. Et, dans les faits, aucune Retail Story n'est uniquement orientée Marque, Client ou Produit. C'est un subtil équilibre à trouver, qui doit avant tout être aligné sur l'ADN de la maison.

Quel que soit le concept choisi, la seconde étape consiste à décliner cette Retail Story à travers toutes les composantes de l'expérience : les éléments relatifs au design (architecture, codes, iconographie, décoration, ameublement), les vitrines, le zoning et l'agencement de l'espace intérieur, les principes de merchandising et d'assortiments visibles, le visual merchandising, et avant tout la relation au staff.

L'intégration de la technologie et du digital est un vrai sujet (mais certainement pas une fin en soi, nous le verrons plus tard), dans la mesure où ces outils peuvent aider à incarner encore plus profondément cette Retail Story. Enfin, l'ambiance sonore et olfactive, la cérémonie de vente, la personnalité et l'habillement des vendeurs, et la façon de faire essayer le produit. La liste des éléments qui doivent être alignés avec la Retail Story dans l'expérience n'est pas terminée. C'est leur alignement précis et leur cohérence qui feront la force du moment.

Un concept d'espace est toujours plus puissant et plus mémorable quand il s'organise autour d'un élément iconique – ambassadeur incontournable de la Retail Story, repris dans toutes les boutiques, adapté au format du flagship comme à celui du corner. Il ne s'agit pas forcément d'un élément d'architecture, cela peut être un uniforme, par exemple (le T-shirt de couleur des vendeurs d'Apple ou le look « make-up artist » des « beauty advisors » chez Mac), mais c'est un élément de l'incarnation de la Retail Story sur un plan presque symbolique.

L'exemple des magasins Aesop est une belle illustration d'une Retail Story très forte, qui s'orchestre également autour d'un élément iconique. Tous les points de vente de cette marque de produits de soins sont différents en termes de concept architectural – ils sont d'ailleurs réalisés par des architectes différents d'une ville à l'autre.

Pourtant, la personnalité et la signature de la marque sont évidentes et immédiatement décodées, notamment grâce à deux éléments iconiques intangibles : le lavabo (élément indispensable autour duquel s'organisent la découverte des produits et leur essai) et le visual merchandising des produits, leur présentation. Cela permet à la marque de renouveler l'intérêt, de créer la surprise, en restant profondément alignée.

Autre exemple. Historiquement, chez Berluti, la cérémonie d'essayage des souliers est un moment crucial : c'est un véritable ballet, qui se déroule sur le « ring » (un tapis carré en cuir, élément iconique présent dans toutes les boutiques). Ce ring, ce tapis de cuir, existe depuis très longtemps dans les boutiques Berluti. Gwenael Nicolas (de l'agence d'architecture Curiosity à Tokyo) l'a conservé dans le concept qu'il a dessiné pour la maison. Ce tapis n'est pas un simple élément de décoration, c'est une pièce maîtresse de la cérémonie d'essayage. Et tous les clients de la maison le connaissent. C'était la colonne vertébrale de l'expérience historique. Un morceau du patrimoine de la maison. Il a été magistralement remis en scène dans un esprit chaleureux et contemporain.

Une Retail Story, on le voit, donne de la personnalité, de la cohérence à l'expérience, et ce quelle que soit la taille de l'espace. Pour SKP, le plus grand shopping mall de luxe à Pékin, la Retail Story s'orchestre autour de « Beijing Fashion Icon », que nous avons définie en 2012. Le point de départ : un mouvement de fond de féminisation de la consommation de luxe en Chine, incarnée par la croissance du prêt-à-porter féminin qui, après les accessoires, allait devenir le nouvel horizon du luxe.

Ce positionnement s'est traduit dans le management des catégories de produits, avec le renforcement des zones « beauté » et « souliers », deux ascenseurs évidents vers le prêt-à-porter et auquel il a été décidé de donner une place suffisante pour en faire les incontestables category killers à Beijing et en Asie. Pour tenir la promesse d'être la Beijing Fashion Icon, il fallait également une offre de marques large, pointue, internationale. Le grand nombre de maisons présentes dans l'espace a malheureusement impliqué une diminution de l'espace alloué à chacune, mais a également permis l'addition de marques niches (une vingtaine de marques ont ainsi fait « leur première chinoise » dans SKP, d'Alaïa à Nicholas Kirkwood, voire mondiale : Louis XIII), des animations autour de la mode via l'accueil de pop-up et des « événements tournants » des marques. Le nouveau logo pensé à la même époque a également intégré les courbes du design, hommage à la féminité. Le lancement de *SKP Magazine* (que nous avons piloté également) était une évidence dans cette Retail Story. SKP a un point de vue et il l'exprime : son magazine de mode est devenu leader en Chine. Enfin, brique ultime, le lancement de campagnes de communication autour de « Breathe the Air of Fashion ».

Ainsi, on le voit, la Retail Story irrigue toutes les expressions de la marque, au-delà même de l'expérience client dans l'espace de vente.

De « point of sales » à « point of experiences »

Penser « client first », c'est reconnaître que le consommateur est dans une quête effrénée d'expériences : elles doivent être plus intenses, plus personnalisées, plus fréquentes. Et, on l'a vu, cohérentes avec la Retail Story.
Dans le cas contraire, on tombe très vite dans le gimmick, l'anecdotique.

Pour imaginer et proposer des expériences pertinentes, il faut les anticiper dès l'écriture de la Retail Story, au moment où l'on intègre la plateforme de la marque, son histoire, pour mieux caractériser les émotions et le niveau d'énergie que l'on peut lui associer.

Ainsi, certaines maisons ont des univers qui inspirent davantage la relaxation et la volupté que l'intensité et le déchaînement des passions. À l'inverse, on va spontanément associer la surprise et le fun à certaines marques, et la fascination ou la découverte à d'autres. Autrement dit, on ne s'imagine pas courir un cent mètres virtuel dans un champ de fleurs chez Guerlain, comme on ne projette pas de faire une sieste ressourçante de bon matin chez Dolce & Gabbana. Chaque maison a un territoire expérientiel.

En 2015 et 2016, le groupe Richemont nous a demandé de l'accompagner dans le pilotage d'un projet particulièrement innovant, lancé à Nanjing en Chine (et depuis au Japon et ailleurs). L'enjeu : présenter un espace multimarque horloger qui soit commercialement efficace, dans les villes de tiers 2 ou 3, et qui propose une véritable expérience client aux visiteurs déjà connaisseurs mais également aux néophytes, dans un contexte où les distributeurs locaux n'offraient pas le niveau de service et de mise en valeur des marques attendu.

La réponse : TimeVallée, nouvelle enseigne multimarque réunissant la majorité du groupe Richemont, mais aussi Rolex ou TAG Heuer, par exemple. Une boutique qui fait de la découverte des montres une véritable expérience : une approche volontairement digitale pour une exploration immersive et une compétence du staff renforcée par les outils mis à disposition.

On propose, par exemple, aux clients VIP d'accéder à une « Secret Room », à l'intérieur de laquelle ils peuvent dialoguer avec des horlogers situés en Suisse. Une nouvelle fonction a été créée pour le staff : des Watch Stylists, dont la mission est d'accompagner des clients plus sensibles à leur total look (montre comprise) qu'aux mécanismes de la montre – une approche rendue nécessaire par l'identification d'une frange importante de client(e)s qui hésitent entre l'achat d'une montre et celui d'un sac.

On l'a compris, les expériences sont « fun », « autour de la découverte du monde merveilleux des montres ». L'objectif n'était pas de ne proposer qu'une expérience immersive dans les arcanes des grandes complexités pour connaisseurs avisés, ni de projeter l'enseigne dans un univers disruptif peu compatible avec les produits proposés.

Pour la première expression retail de Louis XIII, légendaire maison de cognac du groupe Remy Martin qui a décidé d'ouvrir une première boutique en Chine, nous avons imaginé « the Century Wheel » : une roue interactive qui propose au client une immersion émotionnelle et interactive dans le monde du cognac

Louis XIII, mais qui sert également d'outil de support aux vendeurs pour mieux raconter l'histoire et l'héritage de la marque.

Lorsqu'on passe une main devant « the Wheel » – une très belle roue lumineuse –, elle change de couleur. Du blanc (couleur première des eaux-de-vie), elle évolue vers un ton ambré, reflet de la concentration des eaux-de-vie au cours des années, et adopte enfin la couleur caramel du cognac assemblé.

Le changement de couleur, rendu possible grâce à la technologie Kinect, représente le passage du temps dans le processus de concentration et du vieillissement du cognac et se retrouve projeté sur les briques qui constituent les murs de la boutique, dans un concept magistralement orchestré par la très talentueuse agence d'architecture RDAI. Une source évidente d'inspiration pour les équipes de vente, qui y trouvent une aide précieuse pour raconter l'incomparable complexité de leur élixir.

Les facteurs-clés de succès sont « les usual suspects » : exécution parfaite, intégration au sein du parcours client multicanal en prolongeant l'expérience au-delà de la boutique. Chez The North Face, par exemple, une animation expérientielle en boutique permet au visiteur d'explorer le sommet de l'Everest. Lorsqu'il retourne sur le site Web de la marque, sa page d'accueil est customisée avec les matériels qu'il a utilisés lors de son ascension virtuelle.

En synthèse, voici les quatre conditions à une boutique de luxe expérientielle réussie :

La première condition est la cohérence entre la Retail Story et les leviers qui vont être activés pour l'exprimer dans l'expérience proposée au client.
La liste de ces leviers est longue, depuis le design de l'espace jusqu'au visual merchandising, en passant

par le space monitoring (l'allocation de l'espace par catégorie de produits), le zoning (la promenade que l'on propose au visiteur), les principes de merchandising et d'assortiment produits, et avant tout le staff.

Et c'est là que le défi commence. Chacun de ces leviers est une expertise en soi. Personne n'est « propriétaire » de la Retail Story, mais sa définition et surtout son exécution doivent être l'affaire de tous. Il s'agit typiquement d'un sujet à piloter en mode projet pour casser les silos. La compréhension et l'adhésion de toutes les parties prenantes à la mise en œuvre de cette Retail Story dans des parcours expérientiels sont les conditions *sine qua none* du succès de la démarche. Plus facile à dire qu'à faire ! Nous reviendrons sur les enjeux organisationnels que cela implique.

Le deuxième point de vigilance est de ne pas céder à la tentation technologique, et d'éviter de ne miser que sur la nouveauté et l'effet « wow » de l'outil pour créer une expérience satisfaisante et marquante pour le client. C'est une approche bien trop court-termiste et risquée, dans un monde où le consommateur est de plus en plus technophile et au fait des différentes innovations. La technologie n'est qu'un moyen, et en boutique, elle doit être au service (ou pas) d'un parcours client plus fluide, plus efficace. Ça n'est pas une fin en soi. Cela ne signifie pas pour autant que, à l'occasion d'un show, d'un pop-up store ou d'un événement temporaire, on ne puisse avoir recours à la dernière innovation du moment. Pourquoi pas ? Mais nous sommes là dans le registre de la communication plus que dans la définition d'un concept d'expérience pérenne.

Le troisième point sera la capacité à déployer la bonne expérience au bon endroit, dans un réseau hétérogène de par les clients qu'il reçoit, la taille des boutiques qu'il propose, le trafic qu'il doit traiter. Évidemment, le concept même de Retail Story repose sur l'idée d'une colonne vertébrale expérientielle commune à tous les points de vente. Avec, dans la mesure du possible, un élément iconique « scalable », adaptable à tous les formats. Avec peut-être aussi une expérience déployée à seulement 70 % dans des boutiques à très fort trafic et aux espaces limités (rares sont les VIP rooms en travel retail ou en department store), mais à 120 ou 150 % dans les flagships, en revanche. Car un flagship doit aussi être un lieu d'expériences particulier : ce n'est pas seulement une boutique plus grande, c'est aussi une boutique différente, qui doit pousser plus loin toutes les expériences et être ainsi le lieu où elles sont ancrées, différentes et si possible uniques.

Au-delà des sirènes de la tentation technologique, la quatrième condition est la qualité de l'exécution. Dans un monde où le « test and learn » a gagné ses lettres de noblesse, le luxe reste un monde où l'excellence fait foi. Le modèle 2.0, qui suppose qu'on aura toujours la version 2.1 pour se rattraper, n'est pas toujours compatible avec les attentes de qualité légitimes du client. Lors d'un dîner, une combinaison malheureuse et vous n'auriez pas la même bienveillance pour un restaurant gastronomique ou la gargote du coin. Un manteau de fourrure ne perd pas ses boutons, une paire d'escarpins doit conserver ses talons après un rock endiablé.

Ces exemples sont des évidences, et cette exigence pour le produit est du même ordre que celle attendue pour l'expérience proposée. Le diable est dans les détails... et dans la liste des « détails », il en est un qui se place tout en haut : la relation créée entre le vendeur et son client. Il ne s'agit plus d'un détail, mais d'une condition *sine qua none* de succès. Et le challenge est d'importance car processer une relation est loin d'être évident.

Ainsi, au-delà de l'épaisseur de la moquette, c'est la relation particulière, intime, qui se noue entre le client et le vendeur, qui est l'incarnation la plus importante de la marque en boutique. La stratégie d'expérience d'une boutique ne peut se concevoir que dans le cadre d'une cérémonie où le vendeur aura encore plus d'importance… et où les « petits bonheurs » parfaitement orchestrés laissent un souvenir plus pérenne qu'un grand « wow » architectural ou artistique qui ne surprend que la première fois.

Le nouveau vendeur

Nous l'avons déjà dit, une boutique de luxe est un peu comme un restaurant étoilé : la magie opère lorsque la qualité des produits et des mets rejoint l'excellence du service.

Mais, face à la complexification des profils consommateurs et à leurs nouvelles attentes, le travail du staff en boutique devient plus difficile, plus exigeant, plus varié. Pour que le vendeur conserve son efficacité et préserve la qualité et la durabilité de la relation, son rôle doit évoluer. Tout à la fois profiler, story teller, « professionnel Augmenté », agent CRM et communiquant, un nouveau type de vendeur doit voir le jour.

En premier lieu, culturellement, fondamentalement, le vendeur de demain, comme celui d'aujourd'hui, doit être avant tout commerçant et fier de l'être. Le regard qu'on porte sur lui est essentiel : la valorisation de sa fonction est au cœur de l'expérience et de la performance. En France, à tort, les métiers du commerce au sens large ne sont pas valorisés. Nous devons accorder toute sa noblesse à cette discipline dure, physique, multiple, au cœur du réacteur, et sécuriser ainsi le vendeur de demain.

Ce nouveau vendeur devra être plus à même de s'adapter aux profils des visiteurs – moins homogènes qu'auparavant, en particulier chez les clients chinois, dont le potentiel d'achat est souvent difficile à déceler –, un millionnaire n'envoyant pas toujours des signes extérieurs de sa fortune. Ces nouveaux vendeurs devront savoir décoder les profils et être en mesure d'adapter à la marge la « selling ceremony » standard. Cette « latitude raisonnable », « cette liberté surveillée » par rapport aux guidelines est une des clés du succès.

Le nouveau vendeur devra également être « sachant » – chose ardue, les visiteurs étant de plus en plus au fait de la marque et des produits dès leur arrivée dans la boutique. Certains outils digitaux trouvent là tout leur sens. Des tablettes confiées au staff peuvent contenir toutes les informations techniques nécessaires en cas d'oubli.

Mais cela ne suffit plus. Pour apporter de la valeur, pour gagner la confiance d'un client en perpétuelle demande de stimuli, d'expérience et de relation, il devra se muer en story teller – raconter l'histoire de la marque, partager des anecdotes, livrer de vrais faux secrets sur un produit ou un autre... Pas à tous les clients, certes, mais il devra en être capable lorsque cela aura du sens. Cela pose évidemment la question de la formation des vendeurs, mais aussi de leur personnalité – en particulier en Chine, où il est difficile de trouver et de fidéliser des équipes qualifiées, la population n'ayant pas été exposée aux standards du luxe. En ce cas, les outils digitaux sont pertinents, ils contribuent à créer un « vendeur augmenté ». Ils permettent de donner plus de profondeur à la présentation des produits ou de théâtraliser l'essai.

De l'iPad (maintenant généralisé) à la cabine d'essayage intelligente, la technologie offre de belles perspectives. Mais cela implique de concevoir ces outils dans une logique de complémentarité homme/machine, de définir précisément leur usage et les moments où l'outil va venir s'ancrer dans la « cérémonie » de vente – car si son utilisation n'a pas pour utilité de rendre la vente plus riche ou plus facile, il finira comme un gimmick, oublié dans un tiroir.

Inutile de mettre à disposition un iPad pour trois ou quatre vendeurs – autant n'en acheter aucun. Idem pour le miroir connecté : s'il est juste un objet de plus dans la boutique, posé sur une table… eh bien, il le restera.
Pour en faire un outil utile, il doit être partie prenante de la cérémonie de vente, systématique, et l'une ou l'autre de ses fonctions devra conférer au vendeur la possibilité de créer le moment qui fera toute la différence… et qui lui permettra de vendre davantage, mieux, plus vite, tout en créant une relation particulière.

C'est cette approche que nous avons appliquée avec TimeVallée de Richemont, où les supports digitaux de présentation des produits et de l'univers des marques (table tactile et iPad) n'ont de sens que via une scénarisation très précise du rôle de chacun, vendeur et outil.

Enfin ce nouveau vendeur devra être plus qu'un… vendeur. C'est déjà le cas dans la joaillerie, où la fonction de Grand Vendeur est d'une importance majeure. Ces personnes sont dédiées à la vente des plus belles pièces auprès des meilleurs clients, et combinent selling skills indéniables avec une expertise relationnelle aiguë.

Pour certains de leurs clients, ils ne sont pas juste des salariés de Cartier ou Boucheron, ce sont des amis, des confidents, des personnes qu'ils font entrer dans leur intimité. Joignables à tout instant, prêts à sauter dans le jet de leur client pour présenter une nouvelle collection, ils dispensent toutes les attentions et les signes de considération pour créer une relation forte, parfois intime, et donc durable.

Toutes les marques de luxe, en général, savent parfaitement traiter leurs VIP. Parfois avec des frais limités, car les elles n'ont pas les moyens de leurs clients. C'est à ce moment que la complicité avec le client entre en jeu : le vendeur saura si celui-ci appréciera d'aller ouvrir une bourriche d'huîtres à Rungis à cinq heures du matin. Coût réduit, souvenir garanti pour un VIP gourmet.

Mais, à une époque où chacun a son chauffeur ou son concierge, les attentes en termes de service deviennent plus fortes. D'autant plus que, les systèmes de CRM des marques n'étant pas alignés, on peut être VIP chez l'une en dépensant quinze mille euros sans l'être chez une autre où l'on aura dépensé cinquante mille euros... Être capable d'améliorer le niveau de traitement collectif est un enjeu crucial.
Si tous les clients d'une boutique ne peuvent pas être traités comme des VIP, pour des raisons évidentes de retour sur investissement, leur attente de relation va néanmoins au-delà de l'interaction et de la transaction en boutique. Pour y répondre, les membres du staff, ou une partie d'entre eux, doivent se transformer en de véritables Customer Relationship Managers et savoir, avec la discrétion qui sied au luxe, capturer l'information, connaître le client et établir une stratégie de contact. Certains acteurs l'ont déjà compris, comme Neiman Marcus, dont l'application mobile permet aux clients d'échanger, avant ou après l'achat, avec un Sales Associate via texto, e-mail, Facetime, WeChat...

C'est chez les marques de fashion américaines que la mise en place d'outils de capture de données clients a été la plus précoce.

Enfin, les vendeurs peuvent aussi devenir des « armes de communication » et de retail marketing.
La marque de mode chinoise Icicle a mis en place une initiative intéressante dans ce domaine. Les plus grandes boutiques de son réseau en propre disposent chacune d'un compte WeChat dédié.
Le staff est formé pour créer et animer ce compte, auquel sont abonnés les client(e)s de la boutique. Le contenu est volontairement plus orienté Lifestyle que promotionnel – chaque semaine, les derniers arrivages sont mis en avant via des shootings locaux, dans l'environnement immédiat de la boutique. Chacun des magasins a été équipé avec le matériel photo adéquat, et les vendeuses ont été formées au stylisme, au maquillage et à la prise de vue – certaines sont même d'anciens mannequins. Chaque équipe a toute latitude pour choisir les produits qu'elle souhaite mettre en avant, afin de préserver son ton et sa personnalité. Et le résultat est bluffant, sur le plan qualitatif, d'une part, et, d'autre part, pour la proximité client qu'il a permis de créer.

Ce compte WeChat dédié a un autre avantage majeur : il permet à la maison de mieux maîtriser les échanges entre le staff et les clients. En effet, WeChat fait aujourd'hui partie de la vie de neuf cents millions d'abonnés chinois. Cet outil est donc incontournable. Or, si les vendeurs interagissent avec leurs clients via leur compte personnel, la marque n'a aucun moyen de connaître le contenu des échanges, leur historique. Et quand le vendeur quitte la marque, il ne subsiste plus aucune trace de la relation. Il y a une dimension inéluctable à l'assimilation de la marque au vendeur, et donc un risque indéniable de confondre loyauté à la maison et fidélité à son ambassadeur. Pour autant, la bonne utilisation des outils comme WeChat permet de limiter ces risques.

Ces nouvelles exigences de la fonction de vendeur (le terme « vendeur » semble d'ailleurs un peu dépassé, il faudra sans doute en inventer un nouveau plus adapté aux multiples rôles qu'il recouvre) posent des défis considérables. En termes de formation, bien sûr, qui devra être plus complète, plus continue.
Mais aussi en termes de compétences et de profil : tous ne sont pas encore à l'aise avec la technologie ni ne sont des story teller innés... Et ce n'est pas la même chose de savoir vendre ou raconter une histoire que de suivre et nourrir une relation avec un client dans la durée. La question du système de rémunération se pose également : elle devra à l'avenir récompenser non seulement la vente immédiate mais la qualité de la relation, par définition moins facile à évaluer. Question d'autant plus complexe qu'une partie significative des achats sera effectuée sur le Web.

Nous venons d'illustrer les changements profonds qui modifient déjà le rôle des personnes qui représentent la marque dans les espaces de vente. Ces changements sont parfois douloureux et peuvent créer un sentiment de déconnexion entre la population des boutiques et les équipes support en central. En effet, celles-ci travaillent à la rédaction de guidelines censées aider, accompagner ou même cadrer le travail du directeur du point de vente et de son équipe. Les expertises du siège envoient des documents PowerPoint, des e-mails, des conversations WhatsApp ou WeChat, bref, des informations diverses, via de nombreux canaux de communication.

Du point de vue du staff en boutique, les choses ne sont pas si simples. Certains directeurs de boutiques ont du mal à comprendre la cohérence de l'ensemble des projets et/ou guidelines qui leur sont adressés. Ils peuvent également avoir des difficultés à prioriser les sujets. Certains ont tout simplement du mal à répondre à ces nouvelles exigences d'une profession qui évolue.

Par ailleurs, les contextes sont très différents d'une marque à l'autre, d'un continent à l'autre : entre une maison en pleine expansion, qui peine à gérer un trafic de plus en plus important, et une marque en perte de vitesse qui souffre d'une désaffection de ses fans, le quotidien des équipes de vente est dissemblable. Bien qu'anxiogène dans les deux cas, leurs points d'amélioration sont néanmoins radicalement différents.
Sur un autre plan, la culture du service est disparate d'un continent à l'autre. Très forte en Asie ou aux États-Unis, elle l'est beaucoup moins en France, où le vendeur a la réputation d'être un râleur. Il y a un océan de compétences à acquérir pour nos compatriotes.

La liste des nuances contextuelles est longue, mais il en ressort un constat fondamental : la fonction de directeur de boutique est stratégique pour toutes les maisons de luxe. Ce sont ces personnes qui, au quotidien, font vivre la fameuse Expérience Client, et leur rôle sera de plus en plus important.

Nous reviendrons plus tard sur les conséquences organisationnelles d'une culture nécessairement plus *customer centric* dans les maisons de luxe. Avant d'aborder les conséquences en termes de structures internes, gageons qu'il faut investir massivement sur le développement des talents dans les boutiques.

C'est là l'objet de la toute récente MAD Academy : aider concrètement les marques à embrasser ces changements cruciaux en proposant des programmes de développement de talents.

Notre conviction est que les talents font le succès du retail, l'enjeu est donc de mettre les talents retail à la hauteur des exigences et des opportunités de l'ère de l'Expérience Client.

Notre parti pris sur le sujet – celui de MAD Academy – repose sur trois démarches complémentaires :
- accroître l'expertise retail des Store Managers et des équipes de Retail Management en général ;
- créer une culture retail pour les différents échelons du management, des fonctions support aux membres du Comex ;
- accompagner les transformations profondes des métiers impliqués dans l'Expérience Client.

Nous appliquons les bénéfices de l'expérimentation à nos séminaires : pour accompagner cette nouvelle ère de la « Client Experience », quoi de mieux que faire « l'Expérience du Client » ? Et, puisque chaque maison est différente, puisque chaque talent est unique, chaque programme doit être particulier mais autour d'une même ambition : permettre aux marques que nous accompagnons de se rapprocher de leurs clients en misant sur les talents.

C'est déjà demain

Le retail de demain, nous l'avons vu, c'est avant tout un vendeur qui change, mais c'est également un espace qui évolue.
Avant d'illustrer les nouveaux formats d'espace et leurs rôles, rappelons que le plus vieil adage du retail est en trois parties : « Le retail, c'est l'emplacement, l'emplacement et l'emplacement. »

Des boutiques ont vu leur CA divisé par deux pour s'être déplacées à une rue de distance, ou simplement de l'autre côté de la rue. Le Monopoly du retail est un jeu de grande précision : un emplacement perd de la valeur à vingt mètres près.

C'est toujours vrai, mais d'autres formats émergent et méritent d'être considérés, ne serait-ce que pour compléter l'arsenal du retail physique.

Si toutes les caractéristiques de l'espace du luxe de demain ne peuvent être anticipées, nous voyons l'émergence de plusieurs tendances clés, illustrées par les investissements et les expérimentations inspirantes de certains acteurs.

« Retailers hors les murs »

Depuis quelques années, certaines grandes maisons du luxe ont investi le monde de l'hospitalité. Fendi, Bulgari ou Versace ont ouvert des hôtels éponymes. Audemars Piguet est en train de construire le sien près de son siège au Brassus, avec une architecture radicale qui fera écho à celle du musée lui aussi en construction. À Zurich, Hublot a depuis peu aménagé sa propre suite dans un hôtel cinq étoiles, offrant au client une immersion totale dans l'univers de la marque.
Plus récemment, on observe le développement de résidence « brandées » ultraluxe, comme la Porsche Design Tower à Miami ou encore la Mercedes House à New York, les Armani Residences de Dubai et Miami.

Ce mouvement d'« extension du périmètre du retail » répond à une volonté de traiter encore mieux ses clients VIP, mais surtout de développer d'autres incarnations physiques de la marque, au-delà du lieu transactionnel classique. Et, après tout, rien n'empêche la marque de profiter d'un « client captif » – en lui proposant, par exemple, de découvrir dans sa chambre sa nouvelle collection.

« Bienvenue au lounge »

Plutôt que d'ouvrir une boutique avec pignon sur rue, démarche parfois prohibitive en termes d'investissements, certaines marques de luxe de plus petite taille, pour peu qu'elles soient des marques fortes et de destination, peuvent opter pour un lieu hybride : elles ouvrent de superbes bureaux dans un immeuble, et créent pour leurs clients un espace dédié où ils peuvent bénéficier des services habituels d'un « lounge business » ou « first ». C'est aussi, bien sûr, un espace transactionnel, avec sa propre entrée séparée, mais sans vitrine... une boutique privée, en quelque sorte.

C'est la stratégie adoptée, par exemple, par Audemars Piguet, qui est une marque de destination.
S'installer ainsi à moindre coût dans une ville aux loyers trop élevés (Londres) ou sans réelle taille critique pour une vraie boutique (Madrid) est une option. Le pouvoir d'attraction de la marque est tel que la prise de risques est minimale.
Finalement, c'est presque un retour aux sources ou un hommage aux créateurs des maisons de mode, qui recevaient dans leurs appartements et dans leurs ateliers, à l'étage.

Ce modèle est tentant, mais attention, tout le monde n'est pas une marque de destination...

« Et pop ! »

Lors du dernier 11/11 (jour de célébration des célibataires, qui est devenu un pic de shopping majeur, car chacun peut alors se faire des cadeaux à lui-même), Alibaba a marqué les esprits en créant un dispositif inédit.
- Jour J -9 mois : accord avec des maisons de mode sur un projet fashion particulièrement poussé, définition d'une collection et sécurisation des volumes à mettre en place... tout le monde s'est mis au travail.
- Jour J -1 mois : défilé de mode à Shanghai auprès d'une population d'happy few triés sur le volet. Les fuites sont soigneusement orchestrées...

- Jour J -3 semaines : le défilé est mis en ligne sur sept médias, tous interactifs, qui permettent une précommande en cliquant sur le défilé.
- Jour J -2 semaines : soixante pop-up ouverts dans soixante centres commerciaux et grands magasins de Chine. La fameuse collection est en display, en taille unique, mais des miroirs magiques permettent de définir la bonne taille pour chacun et de précommander du bout du doigt. Le pop-up est au cœur du « New Retail » d'Alibaba...

S'il n'est pas nouveau, le pop-up s'est considérablement développé ces dernières années. On en trouve, grosso modo, de deux types.

Une partie de ces espaces temporaires relève davantage de l'outil de communication que d'une boutique destinée à vendre des produits. C'est un espace éphémère où la marque peut célébrer une nouvelle collection, proposer une expérience différente et particulière pour créer de l'engagement, ou prendre la parole avec la liberté que donne l'éphémère. On peut en évaluer le succès en fonction de leur relais sur les réseaux sociaux, du nombre de coordonnées de fans obtenues, ou d'autres indicateurs généralement liés aux opérations de communication.
Le second type de pop-up stores a un objectif beaucoup plus commercial, transactionnel. Les contraintes d'opérationnalité sont alors plus proches de celles d'une boutique. Il peut s'agir de saisir une opportunité (un grand magasin vous propose un emplacement temporaire) ou une occasion de « tester » un nouveau marché en minimisant l'engagement commercial en termes de bail... voire de mieux comprendre les interactions entre retail online et offline, comme l'a fait Alibaba.

La dimension expérientielle sera forte dans les deux cas, mais le brief sera différent : dans un cas il n'est parfois pas nécessaire d'anticiper un stock de produits important et/ou un staff dédié à la vente, dans l'autre cas la priorité sera de convertir le trafic en clients. Il est important de choisir son camp, le risque étant de vouloir faire « un peu des deux » : de la communication événementielle et une mini-boutique, ce qui peut se traduire par des coûts dignes d'une boutique, sans les ventes...

Cette alerte a pour seul objectif de préciser les vertus du pop-up store, mais également les limites d'un « outil » qui se développe de plus en plus.

« To be or not to be a boutique ? »

En octobre 2017, Nordstrom a lancé le premier Nordstrom Local. D'un format de petite taille (300 m^2 *versus* 14 000 m^2 habituellement), l'espace est conçu pour être une réponse plus moderne à l'avènement de l'omnicanal. La boutique est orientée uniquement autour du credo de Nordstrom : « *For more than 100 years, we've worked to deliver the best possible shopping experience, helping our customers express their style — not just buy fashion*[13]. »
Tout est donc autour du service : click and collect livré dans votre voiture, stylistes offrant tous les conseils pour une garde-robe sur mesure qu'ils feront venir pour l'essayage du Nordstrom le plus proche, cabines extrêmement spacieuses, retouches pour les achats en boutique comme en ligne, et bars, à ongles ou à jus. Trois cents mètres carrés, donc, mais sans stock...

Nordstrom Local est aussi un lieu d'achat... sur tablette. Une expérience nouvelle que Nordstrom

---

[13] Pendant plus de cent ans, nous avons travaillé à fournir la meilleure expérience d'achat possible, en aidant nos clients à exprimer leur style – et pas seulement à acheter de la mode.

qualifie de « concept store d'expériences », mais dont le *New York Times* dit « *maybe not appealing to all* » (« peut-être pas attrayant à tous niveaux »), car privant les shopping addicts du plaisir de la profusion.

Dans un autre style, la marque de sustainable fashion Reformation propose une boutique où l'assortiment produits présent sur le sales floor est réduit au strict minimum : un seul exemplaire de chacun des modèles les plus populaires. Des écrans tactiles disséminés dans l'espace permettent aux clients de choisir leur coloris et leur taille... et les articles sont déposés directement dans la cabine d'essayage par des vendeurs qui travaillent en coulisses et gèrent une stock room avec un inventaire très complet.

Les avantages sont multiples : le staff ne perd plus de temps à plier et replier les vêtements non utilisés, l'expérience visuelle du client est plus « clean » et qualitative, le système permet de capturer des data précieuses sur les modèles les plus populaires. Face au succès de cette approche, le fondateur de Reformation, Yael Aflalo, imagine proposer demain aux clients ayant fait leur shopping list en ligne de pouvoir la retrouver à disposition dans les fitting rooms.

« À l'Est, des hybrides »

Nous avons déjà évoqué SKP à Beijing, qui est également intéressant car il illustre une possible alternative aux modèles classiques : centre commercial (mall) ou grand magasin (department store). SKP est un shopping mall par la taille et surtout par son type d'exploitation (la totalité des marques ou presque est présente en concession, y compris dans la zone « souliers » qui ressemble à s'y méprendre à celle d'un grand magasin). Mais SKP se rapproche également du modèle des department stores par l'étendue du choix des marques, l'organisation des espaces en catégories claires, et le branding des lieux (qu'il soit architectural ou marketing).

Dans un environnement chinois saturé où les grands magasins souffrent et où les centres commerciaux ont du mal à se différencier, SKP apporte une réponse originale et pragmatique. En substance, SKP propose de nombreuses marques, organisées clairement par catégories de produit, quitte à restreindre la taille des boutiques occupées par chaque marque, l'espace total étant limité. C'est un type de shopping « calé » sur les habitudes du shopping online : beaucoup de choix dans des catégories claires. Avec une dose de magie que seul le retail physique peut encore offrir...

Ces exemples illustrent les questions qui se posent depuis quelques années sur le rôle de la boutique. Beaucoup de choses ont été dites, prédites, et nous ne développerons pas ce point davantage : showroom ou lieu de stockage, « to be a boutique or not to be a boutique ».
Pour l'instant, peu d'exemples ont été bien exécutés à grande échelle et durablement.

Le click and collect semble être un service minimum, mais il est encore peu souvent opérationnel (le colis doit être rangé correctement selon une règle précise dans un lieu de stockage prévu à cet effet).
La livraison en point de vente d'un produit disponible dans la boutique d'à côté relève encore parfois du parcours du combattant.

L'évolution du rôle de la boutique dans une dimension omnicanal est à la foi inéluctable et aujourd'hui hautement à risque en termes d'exécution. Ce qui pose problème est moins la capacité des marques à inventer des services innovants que la capacité des organisations à en porter la mise en œuvre.

En synthèse, le rôle de la boutique va évoluer, dans sa dimension relationnelle et de services. Reste à garantir la qualité qui va avec.

Nous reviendrons, dans la dernière partie du livre, sur ces changements profonds qui se dessinent dans les organisations.

Tell me why

Les espaces de luxe de demain, imaginés avec, au centre, le client et la marque, seront donc divers, hybrides, changeants, inspirés par d'autres univers que le luxe, se libérant des contraintes purement transactionnelles, fonctionnelles et temporelles de la boutique classique... Les marques pourront et devront disposer d'un arsenal d'expressions physiques plus riche et plus varié, pour attirer un consommateur qui s'affranchit tous les jours un peu plus des contraintes de l'achat traditionnel. Il souhaite avant tout « rencontrer une marque », mais aussi de « vraies gens ». Tout l'enjeu sera d'*orchestrer ces rencontres*, de définir le mix et l'articulation idéale des formats pour chaque marque, en fonction de la catégorie et de la cible.

Mais il faudra surtout que les marques interrogent les raisons mêmes qui les conduisent au retail. Nous discutons souvent avec de nouveaux acteurs du luxe, des marques qui ne sont présentes, par exemple, que sur le Web. La question habituelle est la suivante : *« Nous avons besoin d'ouvrir notre première boutique ou flagship, pouvez-vous nous aider ? »* Et notre réponse est immanquablement : *« Pour quoi faire ? »* Quel sera le rôle d'une boutique ? Est-ce la catégorie de produit elle-même qui impose d'incarner la marque, parce qu'une relation dématérialisée ne suffit pas ?

Une présence retail répond-elle d'abord à des objectifs d'image ? Veut-on rééquilibrer une présence jusque-là exclusivement wholesale afin de créer un lien plus direct avec les clients dans le fameux mouvement de « retailisation » ?

Et, surtout, la question clé aujourd'hui pour tous les acteurs du luxe, nouveaux entrants ou maisons traditionnelles : quels sont les objectifs assignés au retail, et quel rôle est dévolu au staff ? Au sein de quelle stratégie multi/omni/no canal ? Comment l'incarnation physique de la marque s'intègre-t-elle au sein d'un parcours client d'ensemble ?
Dans tous les cas, la boutique est avant tout le premier laboratoire de connaissance des clients.
Nous aborderons plus en détail ces questions dans la dernière partie.

Mais, avant cela, nous vous proposons un coup de projecteur sur un sujet au cœur de l'actualité du luxe, qui mobilise beaucoup d'énergie chez ses acteurs (et qui est sans doute à l'origine de quelques nuits blanches) : l'omnicanal et la dimension digitale des transformations en cours.

CHAPITRE IV

Le digital : luxe in translation

S'il est un sujet abondamment disséqué et débattu par tous les acteurs du secteur du luxe, c'est bien celui de la transformation digitale et de la transition vers une expérience « seamless ». Tous types d'interlocuteurs : les prophètes de l'apocalypse digitale prédisant que le luxe éternel allait se diluer dans l'océan numérique, les prosélytes décomplexés qui considèrent au contraire que le 100 % digital est l'unique voie de survie pour des marques engluées dans leur monde analogue, et puis ceux qui prônent les inévitables « cinq règles d'or pour digitaliser le luxe » – des actions difficilement contestables mais qui ne font pas vraiment avancer le schmilblick.

Le sujet est évidemment bien trop complexe pour se réduire à des analyses univoques et des solutions sur étagères... Pour autant, pour les marques de luxe comme pour les autres, la problématique sous-tendue par le digital nous semble limpide : il s'agit de mettre le client au centre de l'expérience. Ainsi, le digital n'est pas une fin mais un moyen, un outil au service de la mutation de l'entreprise vers la « client centricity ».

Pour planter le décor

Le mot digital est, on en conviendra aisément, un mot fourre-tout, qu'on met à toutes les sauces – souvent indigestes.

Pour illustrer notre propos, nous avons identifié cinq grandes dimensions :

- le digital comme canal de vente, qui peut se résumer en deux mots : e-commerce et m-commerce ;
- la communication digitale comprenant les réseaux sociaux, les campagnes CRM (e-mailing) jusqu'au clienteling ;
- les outils digitaux en boutique, comprenant les supports interactifs jusqu'aux outils d'aide à la vente, pour n'en nommer que quelques-uns ;
- les systèmes d'information, qui renvoient à tout l'éco-système digital nécessaire pour livrer une expérience client impeccablement fluide et personnalisée, ces systèmes IT qui comblent tous les accros des sigles (RMS, WMS, PIM...) ;
- la culture digitale, car une marque pourra bien avoir tous les systèmes en main, sans cette dernière, une vraie transformation sera tout simplement impossible.

Notre propos ne sera pas de livrer un ensemble de constats sans appel sur « l'état de l'union digitale », de livrer l'équation magique ou de fournir un carnet de recettes. Encore moins une liste de toutes les nouvelles plateformes et des outils digitaux à disposition des acteurs. Là encore, la boule de cristal nous fait défaut.

Nous souhaitons avant tout suggérer des pistes de réflexion et montrer que le digital est véritablement au service d'une expérience client « sans couture » permettant aux acteurs du luxe de s'adapter à des consommateurs de plus en plus exigeants. Comme le disait Axel Dumas, chez Hermès : *« Peu importe votre prestige ou votre âge, vous devez être pertinent pour votre époque afin de continuer à exister ».*

Nous essaierons de répondre à quatre questions (forcément liées).
En quoi le digital est-il devenu fondamental pour le luxe ?

De quelle manière est-il en train de révolutionner l'expérience client et de redistribuer les cartes entre les canaux ?
Pourquoi l'utilisation des données devient-elle indispensable pour mieux connaître ses clients – et non un simple plus ?
Et pourquoi la Chine a-t-elle une (voire plusieurs) longueur(s) d'avance ?

Un cercle vertueux

On conviendra que le luxe a pris le train digital (très) en retard, par rapport aux marques access et premium (à l'exception peut-être de certaines marques comme Burberry, dont on peut convenir qu'elle a accompli une mutation digitale structurelle et 360° – le cas est une best practice abondamment commentée, à défaut d'une success story avérée). En cause, les oppositions bien connues entre luxe et client centricity : le luxe est autorité, rareté, contrôle, mystère, temps long, alors que dans le monde digital règne la transparence, l'instantané, la démocratie, la participation.

Dans le luxe, nous évoluons dans un monde hyper-contrôlé, « rien ne sort » avant que cela soit parfait, jusqu'au moindre détail. Dans le monde digital, on lance, on récolte du feedback client, on corrige, on relance. Et ainsi de suite... C'est le règne du « beta thinking ». Un de nos clients « pure player », que nous accompagnons notamment dans sa stratégie de création d'un réseau de points de vente physiques, nous disait au moment de lancer sa première boutique : *« Bon, on n'est pas tout à fait prêts mais tant pis, on y va et on corrigera après ! »*
Notre recommandation était plus prudente. Il est plus compliqué de pousser les murs *a posteriori* dans le brick and mortar que de corriger un bug dans un site.

Si le digital ne peut plus être mis de côté désormais, il s'agira d'embrasser les opportunités et avantages qu'il offre.

Une étude BCG sur les clients du luxe, datant de 2016, explique que près de 60 % des achats de produits de luxe sont influencés par le digital (que ce soit via une recherche en ligne suivie d'un achat en boutique, soit à l'inverse d'un achat en ligne à la suite d'une visite en boutique ou encore d'un achat effectué 100 % en ligne). Bien qu'il ne s'agisse là que d'une moyenne, elle donne une vision claire de l'évolution des comportements des clients du luxe, et cette tendance ne risque pas de s'inverser.

Les grands acteurs du luxe en ligne tels que Net-a-Porter, Mytheresa et Farfetch ont certainement joué un rôle clé dans la refonte de la distribution de produits de luxe, mais seront-ils à la hauteur pour continuer à répondre aux attentes de plus en plus fortes ?

Si la plupart des maisons de luxe traditionnelles ont été lentes à se mettre à l'heure du digital, elles bénéficient d'un grand atout à ne pas sous-estimer : les boutiques. Certes, le digital joue un rôle dans la plupart des achats de produits de luxe, mais la grande majorité des transactions (plus de 90 % encore en moyenne en 2017) se déroulent encore au sein d'espaces physiques... Dans certains cas, même les champions du digital ont décidé de compléter leur offre avec une présence physique (Farfetch et la « boutique du futur »).
Les marques doivent donc envisager le digital comme une possibilité d'étendre et d'individualiser les services offerts, au-delà de la boutique.

Le digital ouvre ainsi la porte à deux types de bénéfices clés : les bénéfices clients et les bénéfices business.

D’un point de vue client, le digital offre quatre avantages principaux.

- Confort : il facilite la relation entre les clients et les marques. Grâce au digital, les clients trouvent, comprennent et achètent leurs produits facilement, à tout moment, et de n’importe où, sans oublier les nouvelles possibilités de services qu’il offre (rendez-vous en boutique, click and collect, SAV...).
- Émotion : bien utilisé, le digital peut créer des moments de magie qui « engagent émotionnellement » les clients, à leur plus grande satisfaction.
- Efficacité : il maximise l’efficacité des parcours clients et offre une expérience plus rapide et plus fluide.
- Individualisation : par la capture de données, le digital permet de connaître de façon détaillée chaque client, d’adapter la communication afin qu’il se sente unique et de maximiser l’interaction personnelle en interagissant avant, pendant et après l’achat. Le digital permet également aux clients de personnaliser leurs produits et leurs expériences.

D’un point de vue business, le digital offre quatre grands « plus ».

- Hausse des ventes : en atteignant par exemple de nouveaux marchés, ou en tirant davantage parti des clients existants. Une étude du cabinet Deloitte datant de 2013 indique que les clients qui interagissent avec plusieurs canaux dépensent en moyenne 93 % à 208 % de plus par transaction que ceux qui achètent soit exclusivement en ligne, soit exclusivement en boutique.
- Fidélité accrue : utilisé correctement, le digital nourrit la relation client en offrant à ce dernier ce qu’il souhaite, au bon moment et de la bonne façon.
- Augmentation du trafic : en maximisant le Web-to-store. La création de trafic en magasin devient en effet un sujet brûlant pour beaucoup de maisons, face

au ralentissement souvent constaté du trafic « naturel » en boutique. Et le Web-to-store est aujourd'hui un levier incontournable pour améliorer celui-ci.
- Meilleure connaissance clients – un point qui sera évoqué par la suite.

L'Omnicanal est mort, vive le no canal !

Depuis quelques années, les stratégies des marques ont été fondées presque exclusivement sur ce mot magique qui fait le buzz et rassure les investisseurs : omnicanal.

Étymologiquement, « omni » vient du latin *omnis*, qui signifie « tout », tandis que canal, au sens figuré, désigne un moyen d'expression, de communication, d'interaction.
Alors, viser la fertilisation mutuelle de tous les « moyens d'interaction » a-t-il vraiment encore un sens ? Vente à domicile ? Marché public ? Vente aux enchères ? Ventes privées ? Téléachat ? Drive ? Évidemment non !

Une bonne stratégie, c'est d'abord faire les bons choix, et non pas essayer de tout mettre en œuvre. Les marques doivent s'appuyer sur les canaux qui ont un sens pour leurs clients et faire le nécessaire pour éliminer les barrières, dans le but d'atteindre une expérience pertinente, remarquablement fluide et en se démarquant de la concurrence.
Ainsi, le terme omnicanal serait davantage une hyperbole qu'une véritable stratégie actionnable.

« Bienvenue au no canal ! »

Le no canal supplante l'omnicanal comme meilleure façon pour décrire des organisations agiles répondant au mieux aux attentes de clients ultraconnectés, hyper informés et extrêmement exigeants.

« Pourquoi ? »

D'un point de vue client, il s'agit d'une seule et même marque : le concept de canal n'existe pas. Il renvoie seulement à une difficulté que rencontrent les marques depuis quelques années, celle d'avoir affaire à des parcours clients de plus en plus complexes, où les clients passent d'un canal à un autre selon leurs envies et leurs humeurs.

Parler de canal, c'est donc déjà, d'une certaine manière, fragmenter l'expérience, mettre des barrières. Distinguer l'online de l'offline, par exemple, a toujours été une façon très archaïque de voir les choses. Tout cela n'a plus de sens aujourd'hui. Amazon, avec le rachat de Whole Foods et de ses quatre cent soixante magasins pour 13,7 milliards de dollars, en est bien la preuve. Ces mondes ne sont plus et ne doivent plus être en opposition.

Pourtant, pour beaucoup de marques, le « canal » digital fonctionne sous sa propre entité, ses propres systèmes, et même son propre P&L, devenant peu à peu un concurrent direct du retail physique. D'autres ont même sous-traité ce « canal », perdant absolument tout contrôle sur l'expérience offerte.

Cette manière de faire, souvent liée à la complexité historique des organisations, est très largement sous-optimale.

Les canaux doivent se fertiliser, se mélanger, se confondre, fonctionner de manière contiguë jusqu'à disparaître.

Prenons un exemple simple : un client, devant son ordinateur, remplit un formulaire de customer care et, dans le même temps, contacte le service client par

téléphone : en raisonnant omnicanal, ces canaux sont séparés, mais en raisonnant no canal, tout fonctionne ensemble, partageant des données, des insights comme si c'était une seule et unique interaction.
Les conséquences ? Elles sont infinies. Dans l'organisation des entreprises, par exemple, il n'y aurait plus de « directeur digital » ni de « directeur retail » mais bien un seul « directeur client » qui coordonnerait les compétences aujourd'hui segmentées.

Parmi les différentes pistes et solutions pour mettre en place une démarche de transformation no canal réussie, nous voudrions en évoquer quatre, qui nous semblent capitales.

- Définir une vision stratégique, qui donne à chaque canal un rôle et une contribution précise, caler la manière dont ils s'alimentent mutuellement et orchestrer le bon mix image/business pour chacun d'entre eux. Sans cela, les efforts de digitalisation ne créeront pas un tout plus puissant que la somme des canaux, et il sera difficile d'en mesurer l'efficacité.

- Identifier et traiter les quick wins, qui peuvent permettre d'effectuer un saut qualitatif et d'atteindre une plus forte cohérence de l'expérience client, sans générer toutes les complexités liées à une mutation no canal plus profonde et structurelle : 1) mieux valoriser la présentation du réseau de distribution physique sur les médias digitaux – une meilleure visibilité et un contenu plus qualitatif tout en facilitant le partage –, 2) améliorer la qualité de l'expérience sur les sites mobiles, le smartphone s'apparentant à une « troisième main », une sorte de doudou technologique qui ne nous quitte plus – or la plupart des sites mobiles de marques de luxe ne sont pas à la hauteur des « minimums légaux de qualité d'expérience », 3) mieux utiliser les médias sociaux pour les mettre au service de la création de trafic, alors qu'ils sont aujourd'hui en priorité utilisés pour animer les communautés de fans et célébrer la marque, 4) mieux valoriser et davantage les animations et événements en boutique et inciter à la visite via des « call to actions » efficaces.

- Penser « gestion des stocks et logistique first», condition *sine qua non* d'un e-commerce efficace et *a fortiori* d'une transformation no canal. Les contraintes lourdes inhérentes à des approches historiquement monocanales sont souvent la cause principale d'initiatives de vente en ligne avortées ou reportées. L'adaptation de ces approches est d'autant plus complexe que, sous l'effet de produits comme Amazon Prime et de start-up du luxe, l'exigence de rapidité du consommateur s'accroît. On citera cette grande marque de luxe française qui gère encore ses stocks dédiés aux ventes en ligne via... un seul flagship parisien : compliqué à tenir, en période de forte saisonnalité.

- Travailler la qualité de la livraison à domicile, au-delà du fait de livrer en temps et en heure. En boutique, la « remise du produit acheté » a lieu dans un environnement très qualitatif et maîtrisé, apothéose d'une cérémonie de vente codifiée, où le vendeur a tout son rôle à jouer. Tandis que la réception de biens à domicile s'ancre dans les habitudes des consommateurs, de plus en plus de produits de luxe le seront également.
Tout commence par les interfaces : trop souvent encore, le suivi d'un achat impose de basculer du glamour du site de la marque à celui, généralement beaucoup moins inspirant, d'un transporteur. Choc des mondes... et opportunités manquées pour la marque de garder le lien dans ce moment délicat. Il serait *a minima* rassurant pour le client d'avoir un sentiment de continuité, et *a maxima* efficace commercialement de lui donner des idées de produits complémentaires à sa commande. C'est ce qu'a compris Kronos Care, start-up française qui propose à ses marques clientes

des solutions pour intégrer dans leurs interfaces (et donc leur univers) les informations de suivi des transporteurs, et de créer des notifications pour renforcer le sentiment de service. Imparable.

Au-delà du suivi, la livraison « classique » (par un transporteur habituel) pose des problèmes évidents. Environnements hétérogènes, niveau de disponibilité et de réceptivité du client variable...
L'emballage qualitatif (sous réserve qu'il soit intégralement préservé) peut créer de l'exceptionnalité et de la magie en contribuant à faire de la réception du produit un moment spécial (par exemple, la « boîte Apple »).
Mais est-ce suffisant ? Et comment gérer la question de l'essayage de certains produits, qui, en boutique, est l'étape indispensable avant l'achat effectif ?
Des entreprises spécialisées, parfois filiales de transporteurs bien connus comme DHL Luxe Paris, fournissent des solutions pour créer des moments de livraison suffisamment qualitatifs.

L'inspiration peut également venir des pure players du luxe digital, Net-a-Porter, par exemple, qui a lancé en septembre 2017 à Londres un service appelé « you try, we wait ». Réservé pour l'instant aux EIPs (*extremely important persons*), supporté par un réseau logistique en propre, « you try, we wait » impose au livreur d'attendre que le consommateur ait essayé le produit, et de repartir avec les produits qui n'ont pas été conservés, éliminant ainsi pour le client la phase pénible du retour produits.

Il convient de garder à l'esprit que les efforts de mutation vers le no canal ne doivent pas être faits au détriment des « basics » et de la qualité de l'expérience délivrée par les canaux spécifiques, en particulier les boutiques. Le danger est en quelque sorte de lâcher la proie pour l'ombre...

Un de nos clients chinois nous confiait récemment son analyse des difficultés encourues par certains department stores aux États-Unis. Selon lui, ces entreprises ont consenti des investissements colossaux pour développer le digital au détriment de la modernisation de leur réseau physique – ce qui a dégradé la qualité de l'expérience client dans le point de vente. Comme les marges en e-commerce sont largement inférieures à celles du commerce physique, il leur est dorénavant particulièrement difficile de soutenir financièrement la rénovation des points de vente, alors même que le digital est toujours aussi gourmand en ressources. C'est loin d'être la seule raison du déclin de l'empire américain des malls, mais cela y a sans doute contribué.

Elle est belle, ma data, elle est belle !

L'intelligence client (du marché, des comportements, des usages, des envies) est au cœur des entreprises qui performent le mieux dans ce nouveau monde de l'expérience client. Les entreprises nées avec le digital, les GAFA et leurs rejetons, sont intrinsèquement des entreprises qui sont tournées vers la data client.

Pour les autres, la « révolution Big Data » est en train de s'accélérer. Mais on sait bien que le sujet est complexe. Et si l'on ne peut contester les exceptionnelles opportunités que le Big Data apporte, on peut légitimement se demander à quoi cela sert d'avoir des tonnes de data si on ne sait pas quoi en faire ou si l'organisation n'a ni les compétences ni les outils pour traiter et appliquer les données. Le « big data » devient alors « dead data »... L'« infobésité » ou surcharge informationnelle étant un mal dont souffrent beaucoup d'organisations.

Pour l'instant, ceux qui semblent arriver à tirer profit du Big Data sont les géants américains. On peut citer Walmart et Starbucks, pour n'en nommer que quelques-uns. Walmart, avec la création de son « Data Café » au sein de son siège, qui est capable de gérer deux cents sources de données internes et externes représentant quarante beta bytes, peut ainsi prendre des décisions commerciales en quelques heures – et non pas en quelques semaines ou quelques mois.
Dans le cas de Starbucks, avec quatre-vingt-dix millions de transactions par semaine à travers vingt-cinq mille points de vente dans le monde, le management se donne comme objectif d'utiliser le Big Data pour : personnaliser les commandes, identifier de nouveaux emplacements, faire un marketing encore plus ciblé.

On attend encore les résultats... Mais ces leaders outre-Atlantique ont bien pris le virage, et ont ouvert la voie en y mettant les moyens.

Pour le luxe, nous préférons parler de Smart Data. Être smart, c'est savoir que tout ne doit pas être mesuré. Ce qui signifie préférer « avoir moins de data et savoir quoi en faire » plutôt que de crouler sous les données. C'est choisir ses batailles, et procéder de façon incrémentale. Par exemple, analyser les données issues des réseaux sociaux, pas simplement pour évaluer la popularité d'un produit ou d'une campagne en fonction du nombre de likes ou de commentaires, mais pour creuser et en tirer des analyses fines sur les envies des fans, sur des usages ou sur des éléments de langage.

C'est aussi fluidifier la circulation entre les remontées clients (perception d'une gamme de produit, suggestion et envies, insight) et le siège/le management.

Mais la logique est aussi descendante et transversale : imaginons que les vendeurs en boutique aient accès au préalable, via une application mobile, au parcours client en ligne de chacun de leurs visiteurs – les pages produits qu'ils ont visitées sur le site, leurs posts sur les réseaux sociaux... Cela leur donnerait toute une panoplie de possibilités pour améliorer le clienteling.

Nous échangions récemment avec la patronne du pôle data d'une grande maison de luxe. Elle nous confiait que, au-delà de la « dimension technique de son rôle » (développer les bons outils), sa mission était en fait une mission de transformation digitale de l'entreprise, pour « mieux la connecter avec le client ».

Pour cela, il lui a fallu éduquer l'organisation, au départ réticente, et prouver la valeur concrète de la data auprès de trois départements de l'entreprise :

- le Merchandising, en le nourrissant d'analyses en provenance des médias sociaux sur les préférences clients, ou sur le profil de la clientèle d'une ligne de produits – pour mieux anticiper les best-sellers, par exemple ;
- le Retail, en lui permettant d'avoir une vision holistique du comportement des visiteurs ;
- le Marketing, en fournissant des data sur les usages clients afin de déceler des opportunités (nouveaux produits, mix and match), ou en créant des tableaux de bord permettant de piloter en temps réel la visibilité social media des porte-parole et des influenceurs de la marque.

Il est parfois étonnant de constater que, pour certaines marques, leur cliente est encore « une femme de trente-cinq ans, indépendante, sensible, qui paie avec sa carte bleue, qui s'assume et qui aime se faire plaisir ». Pourtant, lorsque nous passons du temps dans leurs boutiques, nous ne les voyons pas tant que ça, ces femmes parfaites et envoûtantes !

Tant que les marques ne se décideront pas à se confronter à la réalité, les clients seront fantasmés.

Nous sommes toujours surpris quand nous réalisons que nous sommes pour certaines marques avec lesquelles nous travaillons les premiers à recueillir les retours de leurs clients. Nous privilégions alors les entretiens en one-to-one au focus group. Luxe oblige. Et lorsqu'il faut définir des profils clients, nous construisons autour des données une approche d'analyse qualitative qui permet une mise en perspective étayée.

Mais la smart data, c'est aussi travailler sur des modèles d'analyses prédictives, et certains de nos clients sont en train d'y travailler. Ils permettent d'élaborer des scénarios de résultats, afin d'orienter le développement produit, d'identifier les clients les plus réceptifs au cross-selling et les « trigger points » susceptibles d'augmenter la fréquence d'achat, ou bien d'analyser les modes de vie clients pour prédire les futurs comportements d'achat.

Dans tous les cas, qu'on regarde le passé ou qu'on cherche à prédire l'avenir, il ne s'agit pas de devenir esclave de la donnée – ni de mettre en place une organisation où tout serait mesuré, tout le temps, et dans laquelle aucune décision ne pourrait être déclenchée sans être soutenue par un set de data complet. Il ne s'agit pas non plus de suivre et d'appliquer de façon automatique tous les enseignements qui ont été glanés. On a bien sûr le droit de ne pas faire ! En revanche, il nous semble de moins en moins acceptable de ne pas savoir... Pour un acteur du luxe, la non-connaissance client est un véritable problème – car elle représente non seulement des opportunités manquées, mais aussi un écart de qualité de communication et d'expérience avec des concurrents qui, eux, auront acquis une connaissance plus fine de leurs clients et donc une communication plus personnelle et efficace.

AI : aïe aïe aïe ?

On ne peut aborder ces questions sans évoquer l'intelligence artificielle, le sujet brûlant du moment. Selon nous, il y a peu d'applications pertinentes pour le luxe aujourd'hui, mais c'est encore un domaine en forte mutation. Les chatbots, par exemple, peuvent présenter un potentiel intéressant, car ils permettent le traitement automatisé de demandes d'information basiques (Où se situe la boutique ? Quels sont ses horaires d'ouverture ?) et, potentiellement, de remplacer certaines tâches basiques du service client, en fonction live chat, par exemple, (implémentée par Burberry, Louis Vuitton, et plus récemment 24 Sèvres). Pour le luxe, nous pensons que la prudence est de mise, avant que la technologie ne soit totalement éprouvée et permette de garantir une qualité d'expérience parfaite. On préférera une utilisation B2B des chatbots, à l'intérieur d'une panoplie d'outils de clienteling à destination du vendeur, qui pourra ainsi répondre plus vite et de façon plus personnalisée à un client qui lui demande, par exemple, de lui conseiller un restaurant ou une exposition.

Selon nous, il faudrait d'abord commencer par maîtriser les basiques avant de se lancer dans une telle aventure. La priorité devrait donc davantage être axée sur le clienteling et la relation one-to-one. Le digital ouvre la porte à de nombreuses possibilités pour les marques de luxe de créer des outils qui vont faciliter la tâche sans perdre la relation (si cela est bien exécuté, bien sûr !). Dans le monde merveilleux du no canal parfait, les marques interagissent donc de façon totalement individualisée avec chacun de leurs clients et prospects (en one-to-one).

Vers un CRM made in Luxe ?

Ce clienteling avancé renvoie essentiellement à une technique interactive utilisée par les vendeurs pour créer des relations significatives et durables avec leurs clients. Il est basé sur un accès à des données personnelles, accessibles et actionnables, qui donnent un aperçu des préférences et comportements de chaque client. Et il suppose de réinventer totalement les tâches quotidiennes du vendeur.

Certaines marques de luxe ont intégré cela relativement tôt.

Chez Burberry, par exemple, les vendeurs ont accès à l'historique des comportements, localisations d'achats et produits placés dans le panier de la boutique en ligne. Le système synchronise les données provenant des réseaux sociaux des clients (Twitter, notamment) et permet ainsi aux vendeurs de communiquer avec leurs clients en temps réel et de leur offrir des recommandations produits pertinentes, basées sur les données clients analysées par algorithmes.
Chez Nordstrom, les vendeurs utilisent une application personnelle pour communiquer avec les clients, ce qui permet de donner des recommandations rapides, de partager des photos de produits et d'envoyer des rappels ponctuels pour les événements à venir. Les clients peuvent acheter des produits en envoyant « buy » (par SMS) à leur vendeur, qui répond en passant par l'application de clienteling ; les articles sont automatiquement commandés en utilisant les données enregistrées de paiement, de facturation et de livraison.

Quant aux résultats, Ulta, leader américain de la distribution des produits de beauté, affiche des résultats convaincants en intégrant une stratégie similaire aux deux derniers exemples cités. Avec la mise en place de leur application clienteling en magasin, le panier moyen et la fréquence d'achat ont été optimisés, avec un impact non négligeable sur les ventes des clients fidèles, qui ont augmenté de + 6 % après son introduction.

Mais, de manière générale, les marques de luxe sont encore assez loin de disposer de programmes CRM optimaux doublés de démarches de clienteling sophistiquées et/ou plus ou moins bien appliquées – souvent limitées, aussi, par le montant des investissements nécessaires en IT.

Pourtant, il n'y a pas d'antinomie entre les notions sous-tendues par une politique de relation client et le monde du luxe. Les grandes maisons de luxe ont même été en avance dans ce domaine et développaient, un peu comme M. Jourdain, des démarches de CRM *sans le savoir* avant la montée en puissance des programmes de fidélisation, à partir du milieu des années 1990.

Olga Berluti connaissait chacun de ses clients *comme des amis* et notait leurs préférences dans ses cahiers. Leur lecture est l'extraordinaire témoignage d'une intimité profonde. Un Grand Vendeur d'une maison de haute joaillerie, c'est un peu un M. Gustave dans *The Grand Budapest Hotel*, le folklore en moins. De ses clients, il connaît le mode de vie, les grandes envies et les petites habitudes. Avec eux, il a construit une relation personnelle, parfois intime. Il sait comment et à quelle fréquence leur parler, pour attiser leur curiosité et récompenser leur fidélité. Il anticipe d'éventuels problèmes dans la relation et agit pour la préserver.

En synthèse, un bon CRM est un moyen formidable de collecter et capitaliser des données permettant de

mieux connaître les aspirations des clients et de créer des initiatives de clienteling disruptives.
Mais attention, le luxe doit rester guidé par la création, par cette vision du monde particulière et singulière. Et il n'est pas question de soumettre la création aux diktats de clients peu imaginatifs. Le luxe invente le rêve et l'avenir. En revanche, il doit connaître le présent et la voix de son client.

Deuxième point d'attention important : dans cette logique descendante, si les maisons de luxe savent généralement très bien traiter leurs meilleurs clients en rivalisant d'attentions, tout l'enjeu réside dans la généralisation d'une approche personnalisée à l'intégralité du portefeuille client sans tomber dans un CRM quelconque ou médiocre qui aboutirait à des démarches superficielles, automatiques et sans âme.

Et la Chine dans tout ça ?

Que ce soit en accompagnant de grandes maisons occidentales dans la prise en compte de leur clientèle chinoise ou en accompagnant nos clients chinois qui créent un « nouveau luxe », nous apprenons tous les jours sur les mutations étonnantes de cet autre retail.
Observer ce qui se passe tant dans la frénésie des mégapoles que dans les villes vibrantes de tiers 2 ou tiers 3 donne des éclairages passionnants. Ce retail trouve sa voie avec pragmatisme et parfois maladresse, en grillant les étapes entre des fondamentaux (d'un point de vue occidental, tout du moins) mal maîtrisés et un futur résolument no canal.

Tout d'abord, faisons un détour rapide sur ce qui se passe en dehors du luxe : le nouveau retail chinois s'écrit aussi dans les supermarchés Hema Fresh d'Alibaba. Rien d'impressionnant *a priori*, que ce soit dans l'architecture ou dans l'offre. En revanche, la souplesse d'utilisation est extraordinaire : le même homard peut être acheté cru sur place, préparé par les cuisiniers du stand voisin, mangé sur place avec une bouteille de vin prise dans le rayon adjacent, ou livré en moins de trente minutes, cru ou préparé. Le tout dans une boutique sans cash.

Le consommateur chinois, on le sait, est le plus digital au monde – hyperconnecté, « social media native » (90 % des internautes chinois disposent d'un compte sur les réseaux sociaux) –, est incroyablement réceptif aux innovations, qu'il adopte plus rapidement qu'ailleurs. Sur ce plus gros marché e-commerce de la planète, les maisons de luxe ont vite intégré ce paramètre et sont, en Chine, plus digitales qu'elles ne le sont dans le reste du monde.

Mais il faut entendre ce digital-là comme un média de communication. Les maisons de luxe n'avaient pas le choix – utiliser les médias sociaux et mobiliser les fameux KOLs (Key Opinion Leaders) est la voie « classique », incontournable, pour prendre la parole. Toutefois, elles n'ont pas été vraiment plus loin : l'intégration no canal est, là aussi, assez faible, et les boutiques n'ont pas été digitalisées.
C'est aussi encore le cas pour la majorité des department stores et des shopping malls, qui offrent des expériences somme toute assez traditionnelles, en décalage criant avec les usages clients.

Nous voyons cependant trois facteurs majeurs qui militent pour le développement accéléré des approches no canal en Chine.

Premièrement, la Chine évolue... à la vitesse chinoise. Les meilleurs department stores et malls chinois apprennent à importer le best des best practices : repérer, chez les concurrents du monde entier, ce qui se fait de mieux et l'exécuter avec célérité, en le

« localisant » intelligemment. SKP le fait déjà avec brio. Mais surtout, deuxième facteur majeur, les Chinois ont pris conscience de l'importance de la fameuse data. Selon une étude KPMG de 2016, 60 % des retailers en Chine ont l'intention d'investir massivement dans les data et analytics dans les deux prochaines années. Et plus des deux tiers déclarent qu'en 2018, ils utiliseront les data, la géolocalisation et la réalité virtuelle. Ensuite, troisième facteur, parce que les grandes plateformes digitales et e-commerce sont des acteurs très innovants – que leurs innovations accélèrent l'adoption des nouveaux usages, et, en passant, donnent un sacré coup de jeune aux pratiques marketing.

L'exemple de WeChat est édifiant. Il est passé en très peu de temps d'un outil de messenger classique à une plateforme de CRM (ou plutôt de CEM, Customer Experience Management) hyperperformante, l'outil ultime de one-to-one, irrésistible parce que si simple à utiliser pour les consommateurs... et les marques. D'où le fait qu'un grand nombre de maisons l'utilisent, car elles ne sont pas freinées par les contraintes d'infrastructure qu'elles rencontrent sur les vieux continents.

De son côté, Macy's, lors du Single Day (LE plus grand jour de shopping en Chine, et donc dans le monde), a lancé en collaboration avec le même Alibaba une opération permettant aux détenteurs de casque de réalité virtuelle de découvrir virtuellement le flagship de New York... mais aussi d'acheter sans quitter l'application.

Cela se traduit aussi par la mise à disposition et l'adaptation des outils des acteurs e-commerce chinois pour les marques de luxe occidentales.

Un partenariat récent entre JD.com et Farfetch permet ainsi à la plateforme chinoise de disposer des sept cents marques et boutiques du leader des ventes en

ligne de luxe dans le monde. En échange, elle apporte ses capacités de logistique, qui incluent la livraison le jour même (la livraison en quatre-vingt-dix minutes est également à l'étude) et des paiements localisés avec WeChat Pay et Alipay.
De son côté, Alibaba propose un « luxury pavillon », qui permet aux marques de luxe d'être protégées par un environnement qualitatif – environnement réservé aux consommateurs qui dépensent plus de quinze mille dollars en biens de luxe par an.

Pour beaucoup de marques de luxe, cette approche collaborative est très attractive. Mais elle pose un problème majeur : c'est la plateforme qui est propriétaire des données client, pas la marque.

Ainsi pour d'autres acteurs, l'approche directe devient maintenant suffisamment porteuse et « safe ». Louis Vuitton a ainsi lancé son initiative e-commerce en Chine en juillet 2017, avec une vente en ligne dans douze villes de Chine, incorporant Alipay et WeChat Pay. Même chose pour Gucci, Burberry et Michael Kors.

La Chine est donc aujourd'hui un pays entièrement connecté. Et cela n'aura pas échappé aux maisons de luxe qui tentent à toute force d'y offrir l'expérience la plus digitale, voire la plus no canal possible. Difficile lorsqu'on est une « simple » filiale et que cela nécessite des développements particuliers sur des pratiques et des outils inconnus du siège.
L'objectif : permettre à tous les clients de trouver, d'acheter et de retourner n'importe quel produit, à n'importe quel moment et selon le canal de leur choix.

Concrètement, cela recouvre la possibilité d'acheter en ligne et de récupérer son achat en boutique, de retourner ses achats effectués en ligne dans le store, et de commander dans une boutique pour être livré chez soi. Et de faire tout cela en respectant les hauts standards de services appliqués aux achats « classiques » en boutique.

Le digital et les mutations sous-jacentes vers une expérience no canal sont des sujets formidablement complexes, mais terriblement passionnants. Le succès passe par une vision claire, articulée selon une roadmap ambitieuse et réaliste. Et ensuite, il faut que son exécution suive. Les moyens informatiques sont évidemment importants. Mais, pour réussir, les acteurs du luxe devront avant tout opérer une transformation profonde de l'entreprise, de ses process, de sa logistique, de son organisation et de sa culture.

CHAPITRE V

On s'organise ?

L'adaptation aux exigences de l'ère de l'expérience client crée chez les grands acteurs du luxe des tensions inédites et multiples.

Tensions d'ordre ontologique, entre le monde de la création, de l'artistique, de l'intuition, de la magie, et celui de la data, de la logique.

Tensions d'ordre culturel et humain provoquées par l'intégration de nouvelles compétences, la redéfinition des périmètres individuels et l'évolution nécessaire de l'état d'esprit et de la posture de chacun.

Tensions opérationnelles avec les modèles organisationnels actuels, qui sont plus ou moins centralisés mais qui, sur certains aspects, semblent tous avoir leurs limites.

Tensions en termes de collaboration et du travailler ensemble, avec la nécessité de casser les silos, de remettre en cause certains process de travail, d'intégrer de nouveaux outils. Jusqu'au questionnement sur les business models choisis par certaines entreprises.

Pour beaucoup de nos clients, l'indispensable mutation des talents et de la culture est devenue un sujet stratégique. Et ils ont engagé ou vont entamer des projets de réorganisation. Cette mutation est indispensable.

La retailisation

Dans le bréviaire du jargon marketing, le terme « retailisation » n'est sans doute pas le plus élégant, mais il a le mérite d'être explicite. Il recouvre le mouvement de transition des organisations vers un modèle de lancement ou de développement commercial qui privilégie le retail (distribution en propre, physique ou digitale) *versus* le wholesale via des distributeurs physiques, comme les grands magasins ou les multimarques, ou digitaux (au premier rang desquels Amazon mais également Net-a-Porter, etc.).

Nous reconnaissons volontiers que, chez MAD, nous avons un prisme particulier sur le sujet, car en général les marques qui nous consultent ont déjà fait le choix d'un développement en propre via un réseau retail physique. Pour autant, nous constatons depuis quelques années un plus grand appétit pour le retail, et ce phénomène, s'il n'est pas nouveau, s'accélère.

L'association LaFrenchLuxe est un observatoire intéressant qui illustre les choix des nouvelles maisons et des start-up (en BtoC). Si, il y a quelques années, le choix classique faisait la part belle au wholesale physique, puis digital avec l'émergence des premières plateformes (car offrant une exposition maximale de la marque et des produits, à des coûts abordables par rapport à un développement via des points de vente en propre, particulièrement coûteux dans le brick and mortar), la formule privilégiée devient désormais, pour ceux qui en ont les moyens, une combinaison retail physique/digital.

Du côté des marques déjà établies, la tentation de la retailisation grandit. Les arguments sont solides : d'abord l'intégration de la valeur, bien sûr, en récupérant les marges de distribution. Puis la possibilité de contrôler méticuleusement l'expression de la marque, l'exposition de ses produits, ses prix. Mais la motivation principale est la volonté de se rapprocher du client final.

Seul le retail permet d'avoir un contact direct et maîtrisé avec les clients. Seul le retail permet de maîtriser la constitution d'une base de données client et d'en tirer le meilleur parti. Seul le retail offre le potentiel de capturer des précieuses données sur les comportements d'achats, la perception et l'efficacité de l'expérience client délivrée par la marque, dans toutes ses dimensions. Difficile d'y résister, même si les rythmes de transition sont différents selon les catégories.

Pour la mode et les accessoires, le mouvement a été enclenché depuis de nombreuses années, et certaines organisations comme LVMH ont développé une culture retail forte. Les grands succès de la mode de ces dernières décennies sont majoritairement des modèles retail, quel que soit le niveau de gamme : d'H&M à SMCP, de Zara à Uniqlo.
Du côté de l'horlogerie et de la joaillerie, le mouvement a commencé plus tard, et n'est pas encore général. Plusieurs maisons de Richemont sont très avancées dans ce processus, mais des acteurs majeurs comme Rolex sont encore très « wholesaleurs » dans l'âme.
Dans les parfums et cosmétiques, nous avons constaté depuis quelques années une accélération des questionnements sur le sujet, entre autres liés à l'émergence de nouveaux acteurs performants : Aesop, Joe Malone, Kiehls, NYX ou même Kiko. Ces nouveaux entrants, avec un modèle hybride retail/ digital, ont connu une croissance extrêmement rapide et challengent maintenant, dans certaines régions du monde ou dans les aéroports, « les grands de ce monde », qui sont encore très majoritairement vendus chez les distributeurs physiques comme digitaux.

Ces grands acteurs historiques, qui connaissent des difficultés pour aborder et réussir leur retailisation, illustrent bien les challenges de la transition pour toute l'industrie du luxe. Car passer d'un modèle de développement commercial et d'une culture majoritairement wholesale au retail a sur les organisations des impacts considérables.

Pivoter son modèle ne se décrète pas ! Plusieurs grandes maisons n'en sont pas sorties indemnes : elles ont entamé le processus, y ont consacré beaucoup d'énergie, mais la greffe n'a pas pris et le mouvement s'est soldé par un échec, conduisant certaines à douter de la pertinence même de la stratégie... Jusqu'à ce que les opportunités soient décidément trop belles pour ne pas tenter de nouveau sa chance.

N'oublions pas par ailleurs que la retailisation a un fort impact sur les CAPEX, ce qui déséquilibre le modèle économique global. Pour maintenir le niveau de rentabilité, cela amène à rééquilibrer les autres investissements, dont les investissements médias, par exemple. Ces mouvements ne sont pas neutres. Ils confirment que les décisions de retailisation ne sont pas limitées à des arbitrages entre circuits de distribution mais impactent l'ensemble du modèle, donc toute la stratégie de l'entreprise.

L'affaire est également complexe en termes de culture et d'équipes. Si l'organisation alloue les ressources en proportion du chiffre d'affaires, lorsqu'on a seulement cinq boutiques dans le monde, l'équipe retail, quels que soient son talent et son expertise, pèsera bien peu face aux centaines de personnes qui travaillent depuis bien plus longtemps sur le wholesale et ses milliers de points de vente ! Et, en même temps, il est difficile d'accepter de surinvestir en finançant des équipes très nombreuses pour gérer une poignée de boutiques.

L'organisation la plus efficace n'est donc pas forcément structurée en fonction des circuits de distribution, au moins pour les fonctions support (architecture, visual merchandising, etc.).

Il n'existe évidemment pas d'organisation modèle valable pour toutes les maisons. Lorsque nous accompagnons nos clients dans leurs réflexions organisationnelles, nous intégrons leur vision stratégique business mais également la culture de la maison, son type de leadership, ses principaux process et principes de gouvernance. Cette évolution des circuits de distribution, et donc de modèle, est souvent LA question qui en soulèvera d'autres, plus larges, plus profondes, telle la customer centricity.

Une approche progressive vers la maîtrise du réseau de distribution est souvent la meilleure option, mais elle ne peut fonctionner que si l'organisation, en partant du haut de la pyramide, est consciente des challenges et est prête à donner à la transition du temps pour réussir.

Il faudra ensuite concevoir et appliquer une démarche systémique et incrémentale – sur la base d'une roadmap qui identifie les jalons de développement – en passant, par exemple, par une approche pilote. La culture devra aussi évoluer pour favoriser des démarches « test and learn » (on en parlera plus tard).

Notre propos n'est évidemment pas de faire l'apologie d'une approche exclusivement « Retail pour tous »... Car le wholesale, bien sûr, présente et présentera toujours des atouts. Dans certains pays et sur certains marchés, moins matures par exemple, miser sur le wholesale est vertueux : cela permet d'« occuper le terrain » et de fournir les bons relais de croissance.

L'enjeu est de déterminer le point d'équilibre entre les deux systèmes de distribution, qui varie en fonction de la catégorie, des concurrents actuels et menaces potentielles, de l'entreprise, de sa culture et de son histoire.

Mais il n'en reste pas moins qu'à l'ère de l'expérience client, le mix retail/digital devient une approche assez irrésistible, car c'est en vérité le seul moyen de récupérer les fameuses données et les insights permettant aux marques de mieux comprendre leurs clients, et ainsi de réussir leur transformation.

En synthèse, plus que le point d'équilibre entre wholesale et retail (qui est le mélange d'éléments exogènes business et de capacité interne), l'enjeu pour une marque est de développer de la synergie entre les canaux, au travers d'une réflexion par le parcours client, qui permet une catégorisation smart/synergique des points de vente entre eux.
Quel que soit le niveau de retailisation de l'organisation, celle-ci ne peut plus faire l'impasse sur sa capacité à entendre et comprendre son client. Cela passe par l'invention de nouveaux métiers, dans le luxe comme ailleurs, mais également par l'émergence de nouvelles fonctions.
Et, dans la famille Client Centric, je choisis le Chief Client Officer.

L'organisation à l'ère de l'omnicanal : welcome to the Chief Client Officer.

La transition vers des organisations orientées client ne peut réussir que lorsqu'elle est incarnée par une fonction et un département dans l'entreprise, dont la mission est de définir la vision, la feuille de route, et de superviser l'exécution.
L'appétit croissant des entreprises (hors luxe) pour cette fonction CCO n'est pas nouveau : dès 2011, un article de l'*Harvard Business Review* titrait « *The rise of the Chief Customer Officer* ». Elle pointait les facteurs clés de succès d'une telle fonction, avec en tête la nécessité d'un mandat clair de la part du board

et la maturité culturelle de l'organisation. Un peu comme la fonction digitale de Head of Digital ou Chief Digital Officer : dans le meilleur des cas, c'est un agent de transformation stratégique, dont les recommandations vont influencer les opérations et l'organisation même de l'entreprise… Sinon, c'est un évangélisateur, qui prêche dans le désert à coups de PowerPoint.

Dans ces phases de transition, la question du périmètre de la mission est complexe car elle peut générer des tensions. Le Chief Customer Officer est-il « propriétaire » du client ? D'ailleurs, à qui appartient le client ? À tout le monde ? À personne ?

Ces interrogations, si pertinentes soient-elles, risquent de glisser vers des considérations politiques peu énergisantes.

Selon nous, ce rôle, quels que soient ses appellations et ses périmètres, prendra de plus en plus d'importance. Depuis plusieurs années, nous accompagnons un nombre croissant d'acteurs du luxe dans le domaine du recrutement, de l'organisation et de la mise en place du changement. Cela nous conduit à distinguer trois degrés de maturité, qui ne correspondent pas forcément à des stades séquentiels :

Le premier, dans des organisations en début de transformation, où la fonction Head of Customer Experience existe, mais souvent à un niveau assez junior, et qui ne dispose ni des équipes dédiées ni d'une influence forte. Il joue au mieux un rôle d'évangélisateur, au pire celui de caution morale – comme c'était le cas parfois, il y a quelques années, pour le Chief Digital Officer.

Le deuxième degré, chez certains retailers ou maisons de luxe plus avancés, où le rôle de responsable du multicanal est pris en charge par une personne plus expérimentée, parfois en sus d'une fonction qu'il assumait préalablement. Chez Selfridges et chez Macy's, par exemple, on trouve respectivement un Executive

Director of Multichannel Marketing et un Chief Omni channel Officer, qui supervisent tous deux les activités digitales et qui reportent, comme le Head of Retail, au CEO. Mais le périmètre est encore limité, traduisant une approche organisationnelle qui n'est pas encore totalement « client centric ».

Enfin, au niveau le plus avancé, on trouve le Chief Customer Officer, membre du Comex ou du board, qui chapeaute les fonctions de distribution et les touch points clients quels qu'ils soient. C'est le cas chez Neiman Marcus où le President of Stores and Online supervise les mondes physiques et online, ou chez M&S, rôle dévolu à l'Executive Director of Multi channel.

Toutefois, le titre, la séniorité, le périmètre, la taille des équipes, sont des conditions nécessaires, certes, mais insuffisantes pour garantir le succès.
La question de la création du CCO doit être abordée comme on optimiserait un P&L : on détermine la chaîne de valeur de l'expérience client. C'est par rapport à cette chaîne de valeur que l'on définit la bonne répartition des rôles entre les fonctions centrales, mais également locales et régionales.
Ces questions doivent se poser dans des temps d'échange déconnectés du court terme. Il s'agit de mettre en place des organisations et des modes de fonctionnement qui pérennisent l'entreprise sans déstabiliser le business et les équipes à court terme. Sans un changement des process et de la culture, le travail de transformation profonde de l'organisation ne pourra aboutir.

Talents hybrides

Le périmètre de la fonction CCO, on le comprend, est large. Les compétences qu'elle requiert sont multiples.

Elles doivent réconcilier deux dimensions opposées que sont la magie et la logique, le yin et le yang de l'expérience client.
La dimension « magie » : c'est la sensibilité au monde du luxe, à la création, aux marques, au story telling. Sensibilité aussi au client, qui se traduit par la capacité à identifier avec perspicacité les informations les plus pertinentes, à savoir les interpréter pour en tirer des « golden nuggets ». Appétence technologique également (au-delà de la connaissance technique des outils), et capacité à sentir les tendances, à imaginer les nouveaux usages. Le CCO doit être un visionnaire, capable d'entraîner l'organisation dans une vision ambitieuse de la marque.
La dimension « logique » : ce sont les capacités analytiques, expertise large et à 360° (digital, e-commerce, CRM, mais aussi supply-chain, IT, connaissance des marchés) indispensables pour fédérer les différents départements et superviser l'excution de la stratégie omnicanal.

Dans tous les cas, ce sont des postes difficiles à pourvoir. La plupart du temps, ils sont pourvus par promotion interne – ils exigent en effet une très bonne connaissance de l'industrie du luxe, du fonctionnement et de la culture de l'entreprise, une compréhension de ses clients. Pour autant, le recrutement par voie externe auprès d'organisations à forte culture client est un facteur permettant d'accélérer le changement et d'insuffler dans l'entreprise un sang neuf et des pratiques éprouvées... sous réserve que le candidat possède la sensibilité luxe que l'on évoquait plus haut.

On constate d'ailleurs que, au-delà des postes de CCO, après une phase où le luxe a été pourvoyeur de talents pour d'autres industries (symbolisé par le départ d'Angela Ahrendts en 2014 pour Apple), le mouvement s'effectue, encore timidement, dans l'autre sens. On a évoqué l'arrivée de Ian Rogers chez LVMH en provenance d'Apple (que l'on peut considérer, il est vrai, comme une marque de luxe), mais, plus récemment, Patrice Louvet, ex-Procter & Gamble, a rejoint Ralph Lauren comme CEO. Et les transferts s'accentuent pour d'autres fonctions plus opérationnelles ou techniques (digital, e-commerce, SCM). On citera Net-a-Porter qui a recruté récemment son Chief Information Officer chez Walmart.

Néanmoins, nous rencontrons parfois un autre type de problème : certaines entreprises sont reconnues comme étant à la pointe sur la gestion de leurs clients, et pourtant nous ne pouvons pas débaucher leur CCO car… il n'existe pas ! Car c'est toute l'organisation qui porte la culture, il s'agit là d'une responsabilité réellement collective. C'est probablement le stade ultime.

Tout comme le Chief Digital Officer est condamné à disparaître une fois la transformation digitale accomplie, le succès d'un CCO se mesurera à sa capacité à créer une organisation totalement *client centric*, où identifier cette notion deviendra incongru.

Vers un nouveau modèle opérationnel ?

Au cœur de l'ADN du luxe et de ses succès passés et futurs se trouvent la création et le produit. Les grandes maisons sont d'abord des créateurs, qui ne proposent pas seulement une esthétique mais une vision du monde, un point de vue sur la société. Cela rend possible des retournements de situation incroyablement rapides (voir Gucci et son nouvel âge d'or depuis la nomination d'Alessandro Michele comme directeur de la création). Cette vision est précieuse, donc hyper protégée et très centralisée. En d'autres termes, les grands choix artistiques, les produits, la marque, sont sous la responsabilité d'une direction centralisée.

Cependant, en termes opérationnels, on distingue deux grands types de modèles.

Les modèles centralisés, et plutôt top-down. C'est le cas d'acteurs comme Prada. Toutes les expressions et fonctions créatives (achats, merchandising, visual merchandising, par exemple) sont contrôlées, et il existe peu de marge de latitude dans les équipes locales.
Les modèles plus décentralisés ou matriciels, comme Chanel ou Hermès, concilient cet « œil unique » et cette approche centralisée pour l'expression de la création avec une vision très business et commerçante au niveau local : cela peut aller jusqu'à responsabiliser le directeur de la boutique sur les achats concernant son espace.

Toutes les variantes existent entre ces deux bornes plus ou moins centralisatrices. Elles ont chacune leurs vertus et leurs limites, mais aucune n'est LA bonne réponse aux enjeux des organisations qui doivent être connectées à leurs clients.

Dans ce nouveau monde où le client est plus complexe, multiple et changeant, le modèle centralisé permet moins facilement l'adaptation, car il est par essence moins agile. Il a été pensé à un moment où l'enjeu était d'imposer une vision de marque, pas d'écouter les clients.

Quant au modèle plus décentralisé, il présente également des risques. Les acteurs qui se sont construits sur ce modèle voient parfois émerger, avec le temps, des différences notables et préoccupantes dans l'expression de la marque dans les différentes régions. D'autre part, il encourage parfois la création de baronnies locales – corollaire au succès obtenu par certains managers de façon relativement autonome, qui constituent des facteurs lourds de résistance au changement –, par exemple lorsqu'une marque fait face à une obligation de rationalisation, de repositionnement ou de réduction de son portefeuille produits.

Modèle centralisé ou décentralisé, la logique reste géographique. Et l'évolution du monde challenge ce découpage. Pour de nombreuses marques, les clients chinois sont majeurs. Qui est responsable de la stratégie à mettre en œuvre pour les conquérir et les fidéliser, l'équipe de Shanghai ou Beijing, alors que la majorité des transactions est encore parfois effectuée hors de Chine ?
Même question pour le « travel retail » qui porte bien son nom de sixième continent...

Alors, où est la solution ? Existe-t-il des modèles alternatifs, capables de réconcilier spécificités du luxe et nouvelles exigences des clients ? Pas facile d'avoir des points de repères pour une industrie finalement extrêmement jeune – qui a vu des poids lourds se constituer en quelques décennies à peine...

Et s'il fallait trouver l'inspiration auprès de la nouvelle économie, de ces GAFA qui justement sont des enfants de l'ère de l'expérience client ? Ce sont des organisations constituées dès le départ pour capter un maximum de valeur. Comme les acteurs du luxe, la marque et sa valeur sont stratégiques, et donc très fortement contrôlées, ce qui implique qu'un certain nombre de fonctions soient très centralisées. Mais on y trouve notamment des modèles organisationnels plus agiles de type cellulaire, qui fonctionnent en réseau, donc au-delà des silos.

Ce fonctionnement moins hiérarchique et plus agile permet le test et l'expérimentation – qui, s'ils réussissent, peuvent être déroulés sur le reste de l'organisation, mais qui en cas d'échec ne la mettent pas en danger. On y travaille en mode projet, en créant des mini-structures *ad hoc* réunissant des compétences complémentaires plutôt que des titres. On y résout les problèmes et les crises « en mode scrum », où les volontaires s'autodésignent. On développe les produits en « design thinking », forcément « lean » et avant tout « agile ».

Et si on changeait ?

La structure très descendante et « autoritaire » des acteurs du luxe traditionnels a un corollaire : cela conduit parfois à l'inflation de la production de guidelines et autres bibles régissant les pratiques à tous les niveaux. Cependant, deux facteurs de disruption questionnent les process établis.

La très forte professionnalisation des équipes retail depuis une dizaine d'années (seniorisation, expertises plus pointues et plus larges, profils « cerveau gauche, cerveau droit »...). Nous avons recruté des profils très seniors au niveau international depuis plus de six ans, et cette montée en compétences est indéniable. Mais elle ne s'est pas ou peu accompagnée d'une adaptation ou d'un allégement des process, conçus à une époque où les équipes étaient parfois moins performantes.

Dans un monde où la segmentation client est de plus en plus difficile – les individus étant complexes et changeants –, la prévision et la formalisation *a priori* des réponses à apporter à une envie ou un comportement client deviennent ardues. Et c'est la capacité à réagir et à s'adapter au cas par cas, en dépassant parfois à la marge les process établis, qui permet l'efficacité.

Regardons vers des industries d'excellence et de haute fiabilité où les process règnent – par exemple, l'industrie aérienne. On est clairement au « paradis des procédures », et pour de bonnes raisons. Les compagnies aériennes ont ainsi établi des protocoles qu'elles appliquent au millimètre pour atteindre l'excellence opérationnelle en toute situation. Mais elles sont en train de faire le constat que l'approche normative ne permet pas de passer au niveau supérieur de performance. Les process seuls ne permettent plus d'être au niveau en termes de fiabilité, car tous les incidents, parfois dramatiques, sont nouveaux, en ce sens où ils n'ont pas été prévus par les procédures.

Elles développent ainsi une approche « culturelle » de la fiabilité afin de faire face à l'imprévu, avec des formations pour mieux décrypter leur environnement, pour travailler en équipe afin de décider vite et mieux. En fait, pour oser dépasser ou contourner à la marge les process lorsque c'est nécessaire. Ces compagnies travaillent même sur la « dépénalisation de l'erreur », afin d'accélérer la diffusion de cette nouvelle culture.
On pense bien sûr au pilote de l'US Airways qui, en 2009, appliqua ces principes pour poser son avion sur l'Hudson River...

Si l'on revient dans l'environnement du luxe et en particulier celui du retail, lui aussi vise à la perfection... lui aussi a parfois été « surnormé » et très processé. Mais, s'il faut bien sûr contrôler que les guidelines de story telling, de merchandising et de visual merchandising sont parfaitement suivies à tout moment, le point de vente est d'abord le lieu de la relation, qui est par essence individuelle, imprévisible, et non réductible à un process sur un slide PowerPoint.

L'enjeu est donc de (ré)autoriser l'initiative, l'écart judicieux par rapport à la norme, de laisser la possibilité au vendeur de personnaliser l'interaction, d'inclure une touche personnelle dans les messages qu'il envoie à son client, de choisir de traiter un prospect différemment car il a décelé un potentiel intéressant, de sortir des cases prévues dans les guidelines.

La marque ne doit pas pour autant abandonner le contrôle, car le « syndrome du sniper » n'est jamais loin, où le vendeur, notamment en Chine avec WeChat (si l'entreprise n'impose pas l'utilisation du compte pro), devient de fait « propriétaire de la relation ».
Dans ce cas, deux risques existent pour la marque : devenir otage de ces vendeurs autonomes qui peuvent filer chez le concurrent avec leur carnet d'adresses. Et l'on sait bien qu'en Chine, la loyauté du staff envers l'employeur est endémiquement assez faible. Le second risque est la dilution des messages de la marque qui, à force d'être personnalisés, peuvent en devenir incohérents.

Le vendeur doit rester un ambassadeur de la marque, et à ce titre respecter ses valeurs et ses codes. Une « liberté surveillée » devient nécessaire. L'hôtellerie et en particulier les palaces sont sans doute de bons élèves dans ce domaine : le produit qu'ils vendent étant l'expérience, il est très vite apparu qu'elle ne pouvait être trop normée, afin de conserver l'ambition sur mesure qu'ils revendiquent. Les First Class des compagnies aériennes suivent de près. Mais dans ces deux domaines, il n'est pas demandé d'être en plus expert en produit, en fitting, en style, avec une finalité de chiffre d'affaires individuel. La clé d'entrée du recrutement du vendeur devrait-elle pour autant évoluer ? Comment calibrer le juste équilibre entre empathie et soif de vendre ?

Il s'agit au fond de créer une nouvelle culture de l'entreprise du luxe, où l'alchimie entre ses fondamentaux (l'excellence, l'exigence, la précision, la création, le contrôle) et les impératifs créés par le nouveau monde (l'agilité, la collaboration, le client au centre, l'expérimentation) prendrait.

Identifier cette voie médiane, ce mélange subtil et instable d'hier et d'aujourd'hui, et conduire le changement qui y mène est fortement influencé par la catégorie, et dépend bien sûr de chaque entreprise. Nous voyons cependant quelques facteurs clés de succès qui semblent transcender les organisations.

Tout d'abord, le changement doit être impulsé par le haut, incarné par le CEO et le Comex.

Avec un enjeu de taille : celui de la communication aux publics internes. La transformation des organisations nécessite de communiquer à l'ensemble des employés une vision claire, ambitieuse et dramatisée – quitte à forcer le trait. C'est à ce prix que l'on marque les esprits, que l'on fait sentir le degré d'urgence, que l'on crée un électrochoc pour faire évoluer les comportements. Et ainsi on peut espérer qu'une partie substantielle des objectifs seront atteints, après les pertes liées à l'inertie et aux résistances face au changement.

Mais promouvoir un changement radical, aller trop loin dans la communication d'une vision disruptive, en contradiction avec l'histoire de l'entreprise, sa culture actuelle, présente un risque : celui du rejet. Pour des entreprises du luxe en particulier, nourries de valeurs comme le respect de la tradition, et qui pour beaucoup continuent à afficher une excellente santé, décréter le temps de la « révolution client », même tranquille, peut être mal compris, considéré comme injustifié ou trop radical.

Le rôle du directeur artistique est aussi central dans cette entreprise de conduite du changement – parce qu'il incarne plus que tout autre, en interne comme pour le public, l'esprit de la maison, son point de vue sur le monde. Parce que ses valeurs et sa personnalité influencent bien au-delà des produits, sur la communication mais aussi sur la culture même de l'entreprise.

À cet égard, la montée en puissance d'une nouvelle génération de directeurs artistiques, notamment dans la mode, est intéressante. Comme pour leurs aînés, leur succès dépend de leur capacité à capter l'air du temps, et à imposer une vision, une sensibilité. Mais, parce qu'ils sont par définition plus « digital natives » que leurs prédécesseurs, ils adoptent plus naturellement des comportements en phase avec le nouveau monde. Ils sont souvent plus connectés, plus réceptifs aux attentes des millennials, parfois plus collaboratifs dans leur façon de travailler, en interne comme avec des partenaires extérieurs. Plus ouverts au multicanal, à l'expérimentation... Ils peuvent ainsi devenir des agents de changement particulièrement utiles.

On pense évidemment à Olivier Roustaing chez Balmain. La maison Balmain est-elle pour autant « customer centric » ? Elle est en tout cas au moins « customer conscious », au plus haut niveau, et c'est déjà un point de départ remarquable.

Enfin, la question du développement des talents est absolument centrale pour accompagner l'évolution de la culture et de l'organisation, et pour en accélérer la transformation.
La formation n'est pas « magique », elle ne résout pas tout, et les équipes de la MAD Academy en sont parfaitement conscientes. Lorsque le turn over des équipes de vente en Chine frôle les 50 % pour certaines marques, la formation a un petit air de tonneau des Danaïdes : on le remplit, on forme, on forme, et il faut tout recommencer.
La formation est considérée dans la durée comme le bras armé du développement des talents et non pas comme un pansement ponctuel. Si elle n'est qu'un des

leviers d'une transformation, il s'agit néanmoins d'un levier fondamental et d'une redoutable efficacité.

Just do it

Nous avons beaucoup évoqué dans les chapitres précédents les spécificités du marché et des consommateurs chinois. Les différences s'appliquent également en matière de culture et de fonctionnement des organisations. La Chine est immense, complexe et évolue très vite. Il serait donc présomptueux de vouloir en synthétiser les approches organisationnelles. Voici quelques observations qui nous ont marqués depuis que nous travaillons avec ces acteurs.
Tout d'abord, sans grande surprise, les structures sont très pyramidales, avec une forte culture du chef – le temps où toutes étaient des entreprises d'État n'est pas si loin. Les décisions viennent du haut et ne sont pas contestables.

Cette approche descendante et autoritaire n'est pas foncièrement remise en cause, mais nous pressentons des frictions à venir avec la nouvelle génération d'employés chinois, le haut de la pyramide des millennials. Plus exposés aux modes de travail collaboratifs de l'Occident, plus autonomes et avides de responsabilités, ils s'accommodent plus difficilement de fonctions limitées à l'exécution. Nous avons une petite dizaine de jeunes collaborateurs chinois à Paris, et leur attitude à ce sujet est éloquente : ils ne se voient pas retourner travailler en Chine où l'affirmation de leur personnalité et de leurs points de vue serait, nous disent-ils, infiniment plus compliquée.

La deuxième dimension qui nous semble intéressante est l'équilibre stratégie/tactique. Chez les acteurs du luxe occidentaux comme dans les autres industries, les actions opérationnelles sont la traduction d'un plan stratégique, qui lui-même résulte d'une vision. En gros : toute tactique est une traduction des orientations stratégiques. Les campagnes de marques, les positionnements, découlent d'un travail conceptuel en amont, souvent très chronophage.

En Chine, en revanche, on fonctionne sur une approche plus pragmatique et tournée vers l'action : on identifie les opportunités de marché, on analyse beaucoup la compétition, et, en s'inspirant des best practices (occidentales, si elles sont pertinentes), on définit un plan d'action dont la mission est de réunir toutes les conditions du succès identifiées chez d'autres.

On procède aux adaptations locales élémentaires, et on applique le plan, puis on le corrige si besoin. Les discussions conceptuelles ne sont pas la priorité, ici on saisit le plus vite possible les opportunités. Le Graal se situe sans doute entre les deux. Les marques occidentales pourraient peut-être s'inspirer de l'approche de leurs concurrents chinois, et coller davantage aux exigences d'agilité et d'expérimentation du monde d'aujourd'hui. Pour nous, ce fut souvent une leçon !

Conclusion

Les entreprises sont des organismes vivants, en constante évolution, réagissant aux stimuli externes, et cherchant à s'adapter aux menaces perçues ou aux opportunités. Dans le luxe comme ailleurs, les acteurs ne sont pas restés immobiles et ont su par le passé infléchir leurs modèles de croissance, bouger les lignes de leur organisation, renouveler leurs talents.

Le luxe reste un modèle qui a d'autant mieux résisté qu'il a été plutôt épargné, quand d'autres secteurs économiques étaient submergés par la lame de fond de l'ubérisation et de disruptions en tout genre.

Mettre le client au centre peut sembler un enjeu mineur pour de nombreux acteurs, mais nous avons vu que, dans le luxe, c'est parfois un véritable changement de paradigme.

Les évolutions d'organisation et de culture sont nécessaires. Si cette prise de conscience est très partagée aujourd'hui, le chemin pour y parvenir reste encore parfois un peu flou. C'est ce qu'il ressort du questionnaire auquel ont répondu une cinquantaine de CEO du luxe que nous avons interrogés en novembre 2017.
- 80 % d'entre eux mettent l'Expérience Client au cœur de leur stratégie ;
- 85 % considèrent que les store managers et leur encadrement ne sont pas assez bien préparés, voire pas du tout préparés, sur ces sujets ;
- 85 % d'entre eux souhaiteraient que les store managers intègrent des filières de développement des

talents plutôt que d'avoir des formations one shot ici ou là.

Mettre le client au centre, ce n'est pas l'y laisser seul. C'est lui adjoindre un partenaire. Un vendeur. Un sherpa dans la promenade que la maison propose. C'est cette personne et ses pairs dans l'organisation qui deviennent alors stratégiques, essentiels.
Et l'enjeu se déplace tranquillement depuis le client vers le salarié.
C'est une vision encore assez occidentale. Nos amis chinois, indiens, africains bientôt, prennent parfois d'autres routes. Regardons où elles mènent sur nos sujets. Nous savourons la saison 1 : le luxe apprend à connaître son client. Nous sommes impatients de vivre la saison 2 : le luxe fait sa mue.

Le rapport au luxe est assez personnel pour chacun d'entre nous, et, sans tenter une conclusion philosophique, il s'agit d'un rapport au temps, d'un rapport à soi.

L'expression du luxe peut changer. Les marques phare d'aujourd'hui seront peut-être remplacées par d'autres demain si les valeurs et les aspirations des clients changent. Mais nous sommes convaincus que le principe du luxe perdurera même si son expression évolue.

Les changements profonds ne s'opèrent que sous la contrainte. Et le modèle économique du luxe évoluera si les nouveaux acteurs, peu nombreux aujourd'hui, réussissent dès leur entrée à contourner les barrières et à se différencier.

Ils se différencieront s'ils parviennent, par exemple, à conjuguer un talent créatif en résonance avec les générations futures, et à mettre le client au centre.

Toutefois, cela pourrait ne pas suffire. Il est une autre barrière à l'entrée plus importante encore.

Lancer une marque de luxe nécessite beaucoup d'argent. Il faut, par exemple, être capable de s'offrir un espace, même petit, même tout tordu, mais au bon endroit. Dans la bonne rue. Avenue Montaigne, rue Saint-Honoré, sur les Champs-Élysées pour certains. Sur la 57e, entre la Ve et Madison, côté Nord. À Nanjing, au Deji Plaza et pas au Golden Eagle. Et là encore, côté pair ou impair, en haut ou en bas, cela fait toute la différence…

Cela s'accompagne de loyers exorbitants, bien entendu corrélés au potentiel du marché de la zone de chalandise. Les plafonds atteints à Paris, Londres, New York, Pékin, sont inouïs.

Dès lors – quelle rupture ? Imaginons que demain la mobilité urbaine, aujourd'hui très contraignante, ne soit plus un enjeu. L'équation pourrait changer.
Imaginons…
Demain, nous pourrions entrer sur une appli (ou via un chatbot-proposé-par-un-site-en-block-chain of course) le temps que nous pourrions allouer au shopping le lendemain, un samedi après-midi. Nous avons également une ou deux marques précises à inclure dans le parcours. Pour le reste, libre à l'appli de nous suggérer une promenade optimisée, qui passe par les différentes étapes, certaines expressément demandées par nous, d'autres suggérées. L'appli connaît toute notre garde-robe, la liste des cadeaux à faire, l'intérêt exprimé pour un produit sur Insta le matin même, la jupe de rêve que nous avons likée deux jours auparavant.

La contrainte la plus forte est le temps.

Mais une fois à bord d'un véhicule autonome, qui calcule le parcours le plus intéressant (éventuellement en allant dans des rues connexes aux traditionnels bastions, à côté, plus loin), tout devient simple. Nous sommes conduits là où nous attendent les ambassadeurs des marques visitées. Le temps est maîtrisé.

La surprise peut même venir d'un espace inattendu au détour d'une ruelle improbable. Nous gardons le sentiment de la promenade légère, voire de la surprise, mais sous contrôle. Il devient possible d'avoir son espace (boutique, showroom, pop-up ou autre) en dehors des sentiers battus par le luxe.

Et, pour les marques, l'équation change car le joug impérieux des loyers exorbitants est bousculé. Il devient possible d'exister, si la fameuse appli joue son rôle de « Web to real moment ».
À l'entrée, la barrière du coût de l'espace tombe – en tout cas tant que le bon référencement sur l'héritier hybride de Waze ne dépassera pas le prix d'un loyer.

De nouveaux acteurs pourraient alors avoir les moyens de tenter une percée.

Cela s'accompagnerait d'un sérieux chamboulement des economics de l'immobilier.

Mais ce sera une autre histoire.

- Scaling

36580492R00083

Printed in Great Britain
by Amazon